Württemberg und Rußland

Württemberg und Rußland

Geschichte einer Beziehung

Von Susanne Dieterich

DRW-Verlag

Für Florestan
und Konstantin

ISBN 3-87181-243-9

Einband:
Berthold Gauder, Leinfelden-Echterdingen
Druck:
Karl Weinbrenner & Söhne GmbH & Co.,
Leinfelden-Echterdingen
Bindung:
Ernst Riethmüller, Stuttgart

Bestellnummer: 243

Grußwort

Die bedeutenden politischen und sozialen Umwälzungen in der ehemaligen UdSSR richten den Blick der westlichen Industrienationen verstärkt auf die ehemals sozialistischen Länder im Osten. Mit der Wiedereinführung vertrauter, aber über sieben Jahrzehnte verbotener alter russischer Namen – man denke nur an St. Petersburg statt Leningrad – wächst das Interesse an der Geschichte des russischen Reiches.

Im vorliegenden Buch würdigt die Autorin Susanne Dieterich die Beziehungen zwischen Württemberg und Rußland in vielfältiger Weise. Sie erinnert daran, daß nicht nur dynastische Verbindungen zwischen den beiden Herrscherhäusern bestanden. Viele Württemberger aus allen Bevölkerungsschichten, sowohl Gelehrte als auch Bauern mit ihren Familien, wanderten nach Rußland aus, um dort eine Existenz aufzubauen. Wer weiß heute noch, daß in den Notjahren 1816/17 vielen nicht Amerika, sondern Rußland als das »Gelobte Land« galt?

Umgekehrt beeinflußten aber auch Menschen aus Rußland das kleine Königreich Württemberg. Durch die Heiratsverbindungen zwischen den Herrscherhäusern kamen sie an den württembergischen Hof. Auch davon weiß die Verfasserin zu berichten. Sie verschweigt auch weniger erfreuliche Seiten der gegenseitigen Begegnung nicht und trägt damit zu einem differenzierten Geschichtsbild bei.

Gerade wegen seiner Bezüge zur Gegenwart begrüße ich das Erscheinen dieses Buches und wünsche ihm viele interessierte Leser.

Carl Herzog von Württemberg

Inhalt

Einführung

Württemberg und Rußland: eine Beziehung mit vielen Gesichtern

Mögen andere Kriege führen, »Du, glückliches Württemberg, heirate«, so möchte man dem kleinen Württemberg analog zum großen Habsburgerreich nicht nur dann zurufen, wenn man auf sein mit Henriette von Mömpelgard erheiratetes Montbéliard blickt, das linksrheinische Elsaß und sich dabei die Vielfalt geistig-kultureller, politischer und ökonomischer Einflußmöglichkeiten im französischen wie württembergischen Lebensraum vergegenwärtigt.

Weitaus mehr Gültigkeit besitzt dies für die Verhältnisse in Württemberg und Rußland, und die Verbindungen, die durch kluge Heiratspolitik zwischen Württemberg und dem russischen Zarenhaus geschaffen wurden, waren tatsächlich überwiegend glücklicher Art. Damit ist entschieden mehr als persönliches Glück einiger weniger im Bereich der engen verwandtschaftlichen Beziehungen zwischen beiden Herrscherhäusern gemeint, auch nicht eine geglückte Machtpolitik im Sinne von Gebietserweiterungen oder Erhaltung einer Dynastie. Die Verbindungen zwischen Rußland und Württemberg reichen in der Geschichte über Jahrhunderte hinweg weit in soziale, kulturelle und wirtschaftliche Bereiche hinein, ja sie betreffen die Menschen beider Länder in vielerlei Hinsicht, sie hatten und haben unmittelbare Auswirkungen im Alltag der Bevölkerung.

Als ein »Glück« empfand es das hungernde Württemberg in den furchtbaren Notjahren 1816 bis 1818, daß der Bruder der württembergischen Königin, der russische Zar Alexander I., Getreide und andere Hilfsgüter aus Rußland nach Württemberg schickte und verelendeten württembergischen Bauern den Aufbau einer neuen Existenz im russischen Zarenreich ermöglichte.

Und glücklich schätzten sich die Menschen im Land, daß die Königinnen aus der russischen Zarenfamilie die Sozialpolitik im Land nachhaltig und durchaus auf moderne Art verbesserten. Zahlreiche Institutionen tragen noch heute ihre Namen: Nicht nur eine nach dem russischen Zaren benannte Nikolaus-Blindenpflege existiert bis in die Gegenwart in Stuttgart, sondern auch ein Katharinenhospital, ein

Allianzwappen Württemberg-Rußland. St. Petersburg 1846.
»Um der Liebe willen und für das Vaterland« (Rußland)
»Furchtlos und treu« (Württemberg)

Karl-Olga-Krankenhaus und das »Olgäle« für Kinder, ein Katharinenstift, ein Olgastift und vieles andere mehr. Auch die russische Grabkapelle auf dem Württemberg und eine russisch-orthodoxe Kirche in Stuttgart erinnern an die engen Beziehungen beider Länder. Lichte Frauengestalten und großartige Persönlichkeiten, die noch heute berühren und beeindrucken, gehören zu den Sternstunden im Verhältnis Rußlands und Württembergs.

»Stundisti« heißen bis heute pietistisch ausgerichtete Protestanten in Rußland nach den pietistischen Andachtsstunden der württembergischen Prinzessin Maria Feodorovna, die selbst als russische Großfürstin in ihrem engen Hofkreis ein »Stündle« abhielt. Der dem »Dörfle« der Franziska von Hohenheim nachempfundene Park von Schloß Pavlovsk in der Sommerresidenz der Zaren bei St. Petersburg, Kinderheime, Krankenhäuser, Mädchenschulen, ja sogar Musikkonservatorien legen in Rußland noch heute Zeugnis von der Vielfalt der Beziehungen ab, die auch zahlreiche wirtschaftliche Verflechtungen mit sich brachten. In diesen Themenkreis gehören Gottlieb Daimlers Rußland-Reise und Max Eyths Versuche mit dem Dampfpflug in Rußland ebenso wie Leben und Wirken der Familie Mehnert in Moskau und Odessa.

Zahlreiche russische Studenten besuchten die berühmte Hohe Carlsschule in Stuttgart, darunter Schillers Freund Scheremetev. Auch die Landwirtschaftliche Hochschule von Hohenheim kann viele russische Absolventen vorweisen in ihrer Geschichte. Eine stattliche und illustre Reihe von Gelehrten und Wissenschaftlern aus Württemberg, wie z.B. Bilfinger oder Gmelin, die zum Ruf von Forschung und Lehre in Rußland wie Württemberg Entscheidendes beitrugen, legen Zeugnis davon ab, daß die Wechselbeziehungen in die verschiedensten wissenschaftlichen Disziplinen hineinreichen.

Die gegenseitige Befruchtung der russischen und deutschen Literatur und Philosophie, Musik und Malerei wurde durch persönliche Verbindungen zwischen Württembergern und Russen gefördert. Namen wie Schiller, Hegel und Schelling gehören in diesen Zusammenhang, Alexander Herzen und seine Stuttgarter Mutter, aber auch Lenin, der während seines Stuttgart-Besuchs im April 1901 sicherlich auch seiner schwäbischen Mutter Maria Blank gedachte, deren Familie 1762 nach Rußland ausgewandert war.

Wo Licht ist, gibt es bekanntlich auch Schatten. Kann man die angedeuteten Auswirkungen der engen dynastischen Verbindungen zwischen Württemberg und dem russischen Zarenhaus positiv werten, so finden sich unter den »Gesichtern«, die im Laufe der Beziehungsgeschichte Württemberg – Rußland auftauchen, freilich auch solche, mit denen sich kaum Positives verbinden läßt. Die Assoziationen z.B., die mit dem Namen Benckendorff in der russischen Geschichte verbunden sind, lassen Kundige erschaudern. Zwar verbindet sich mit dem Namen die Erinnerung an einen Absolventen der Hohen Carlsschule in Stuttgart und an einen lange Zeit in Württemberg wirkenden russischen Diplomaten, aber eben auch an den Gründer der berühmtberüchtigten »Dritten Abteilung«, der geheimen Staatspolizei unter Zar Nikolaus I., Ahnherrin des gefürchteten KGB: Graf Alexander Christoforowitsch Benckendorff.

Und der Wert des Begriffs »schwäbische Genauigkeit und Pünktlichkeit« gewinnt eine eigenartige Bedeutung hinzu, wenn man in der Familie des Georgiers Dschugaschwili alias Josef Stalin württembergische Vorfahren weiß. Die Tochter Stalins, Svetlana Allilujeva, berichtet über die schwäbische Großmutter von Stalins zweiter Frau Nadjeschda, sie habe deutsch gesprochen und eine Bierschänke besessen. Diese Magdalena Aichholz »verstand sich auf das Backen wunderbarer Kuchen, gebar neun Kinder und führte sie in die evangelische Kirche«. Aus dem württembergischen Wolfsölden bei Backnang war Margarete mit ihren beiden Kindern im Hungerjahr 1817 nach Elisabethtal im Kaukasus ausgewandert.

Im Rahmen der jahrhundertealten deutsch-russischen Beziehungen waren diejenigen zwischen Württemberg und Rußland zweifellos

Maria Ul'janova, geborene Blank, die Mutter von Vladimir Iljitsch Lenin. Ihre Familie war 1762 aus Schwaben nach Rußland ausgewandert.

Salamander-Schuhgeschäft in Moskaus Jugendstilkaufhaus »Gum« am Roten Platz.

besonders intensiv. Das Verständnis füreinander und das auch über politische Wirrnisse und Gegnerschaften hinweg geradezu als fürsorglich zu bezeichnende Eintreten füreinander wurde in unserem Jahrhundert jäh durch die beiden Weltkriege, das Dritte Reich und die Stalin-Ära unterbrochen.

In beeindruckender Weise jedoch wurden die Beziehungen rasch neu geknüpft, sobald es die politischen Umstände zuließen. Besonders mit Gorbatschows Öffnungs- und Umgestaltungspolitik wurde beinahe so selbstverständlich wie Jahrhunderte zuvor der kulturelle wie auch in noch stärkerem Maße der wirtschaftliche Austausch zwischen Rußland und Württemberg wieder aufgenommen.

Um nur einige Beispiele herauszugreifen: Salamanders »Lurchi« bestand seine Abenteuer in einem Joint-Venture-Betrieb in St. Petersburg schon zu einer Zeit, als dieses »Fenster zum Westen« noch Leningrad hieß. Mercedes Benz exportiert seit 1946 Pkws nach Rußland und ist in Moskau mit einer Repräsentanz als Partner gefragt. Und die Republik Tuwa an der Grenze zur Mongolei will sich an einer Luftschiff-Entwicklungsgesellschaft der Zeppelin-GmbH in Friedrichshafen beteiligen. Sie verfügt über keinerlei Infrastruktur in den riesigen Morast- und Seengebieten des weiten Landes und hofft auf die Transportmöglichkeiten ihrer reichen Bodenschätze durch einen speziellen Zeppelin.

Musikhochschulen, Galerien und Museen beider Länder stehen in engem Kontakt, und auch im Bereich der politischen Kultur werden gegenseitiger Austausch und Hilfestellung wieder gepflegt, wie vor 200 Jahren begonnen. So etwa, wenn ein junger Absolvent der juristischen Fakultät der Lomonossov-Universität Moskau als Praktikant im Landtag von Baden-Württemberg die Arbeitsweise des hiesigen Parlamentes kennenlernt und dabei die Geschäftsordnung des Landtages ins Russische übersetzt, um sie in Moskau in die politische und wissenschaftliche Diskussion einzuführen.

Angesichts der Vielfalt und Komplexität des Themas verzichten die folgenden Kapitel bewußt auf eine umfassende Darstellung aller Teilaspekte durch akribisches Aufzählen von Daten und Fakten. Das vorliegende Buch erhebt keinen Anspruch auf Vollständigkeit. Auch findet die Auseinandersetzung mit »Württemberg und Rußland« im wesentlichen im zeitlich begrenzten Rahmen statt: Die Aufmerksamkeit gilt insbesondere dem 18. und 19. Jahrhundert, reicht jedoch bis in unser Jahrhundert hinein.

Leserinnen wie Leser für die Vielschichtigkeit dieses Themas zu begeistern, Einblicke in die Zusammenhänge der Beziehungen zwischen den Menschen beider Kulturkreise und Lebenswelten zu eröffnen und Verständnis füreinander zu wecken, das ist das Anliegen dieses Buches.

Daß es entstehen konnte, verdanke ich in hohem Maße dem liebevollen Verständnis, der begleitenden Kritik und den Anregungen meines Mannes. Herrn Dr. Gerhard Raff und dem verehrten Hochschullehrer Prof. Dr. Decker-Hauff fühle ich mich in Dankbarkeit ebenso verbunden wie meiner Lektorin Frau Regine Löhle.

Slawen und Teutonen:
Furcht und Faszination

Tausendjährige Nachbarschaft – »Polnische Wirtschaft«

Die Geschichte einer tausendjährigen Nachbarschaft mit einer großen Vielfalt von Beziehungen verbindet und trennt Deutsche und Osteuropäer, sie ist brisant bis zum heutigen Tage. Blinder Nationalismus, Haß und Verachtung und bis vor kurzem eine große politische, ungeographische »eiserne« Grenze zwischen Ost und West haben den Blick verstellt auf die traditionsreiche, immer spannungsgeladene Symbiose einer Nachbarschaft, die mehr Gemeinsamkeiten aufweist, als es auf den ersten Blick scheinen mag. Das Verbindende zwischen Deutschen und Russen kommt gerade in der württembergisch-russischen Geschichte des 18. und 19. Jahrhunderts zum Ausdruck.

Die Begegnungen zwischen Deutschen und Russen, Teutonen und Slawen in der langen gemeinsamen Geschichte reichen weit zurück, und immer zeigen sie die zwei Gesichter von Liebe und Haß. Das betrifft zunächst Deutsche und Polen zur Zeit der Ordensritter vom 13. Jahrhundert bis zur Schlacht bei Tannenberg im Jahr 1410. Der Deutsche Orden, nach der Eroberung Jerusalems von Kreuzfahrern gegründet, verwandelte sich binnen kurzer Zeit in einen politisch bedeutenden geistlichen Ritterorden, der gen Osten Preußen, Livland und Kurland unterwarf, christianisierte, ja kolonisierte. 1400 Dörfer und 90 Städte gründeten die Deutschordensritter, darunter Riga, Reval und andere Hansestädte. Ein blühender Getreide-, Holz- und Bernsteinhandel, aber auch die brutale Landnahme und Unterwerfung Livlands, Kurlands, Estlands, der Bevölkerung von Pommern bis zum finnischen Meerbusen gingen damit einher.

Das Bild, das die slawische Bevölkerung von den Deutschen dadurch gewann, war – verständlicherweise – kein positives. Die Ritter des Deutschen Ordens und deren geistige und politische Nachfahren sind in ihren Augen stets gewalttätige Eindringlinge geblieben, die unter dem Vorwand, Mission zu treiben, sich Land, Menschen und andere Besitztümer aneigneten, unter zivilisatorischen Vorwänden von ihrer militärischen Überlegenheit Gebrauch machten. Das Negativerlebnis einer höchst militanten geistlichen Territorialherrschaft wirkte hier stärker als die Anerkennung der enormen zivilisatorischen Leistung des Deutschen Ordens im Sinne z.B. der landwirtschaftlichen und ökonomischen Erschließung des Landes. Umgekehrt hatte für die Deutschen der Begriff »Adelsnation«, den sie für die Polen global verwandten, die Bedeutung einer überholten Gesellschaftsordnung, bezeichnete etwas Unordentliches, eben eine »polnische Wirtschaft«. Wie die Deutschordenszeit in Polen für die Ausbildung eines Bildes vom Deutschen schlechthin bedeutsam war, so prägte jene viel spätere große Zeit des polnischen Adels das deutsche Bild »vom Polen«.

»Böhmische Verhältnisse« in Stuttgart – Prag und der heilige Wenzel

Die Geschichte kennt freilich auch Beispiele friedfertigen Miteinanders und gemeinsamer Tradition, z.B. aus jener Zeit, da die Hauptstadt des Heiligen Römischen Reiches Deutscher Nation im slawischen Böhmen lag. Deren Name ist von dem südslawischen Wort für »Schwelle« abgeleitet: Praha. Selbst als sich in den Hussitenkriegen und im Dreißigjährigen Krieg die politischen Verhältnisse änderten, gab es in Prag mehr Gemeinsames als Trennendes zwischen Slawen und Deutschen. In Prag wurde unter Kaiser Karl IV. 1348 die erste deutsche Universität als Reichsuniversität gegründet. Jenes »goldene Zeitalter« Böhmens unter dem deutschen Kaiser Karl IV. war keineswegs eine Zeit der Unterdrückung des slawischen Böhmen. Deutsche und Böhmen lebten durchaus einträchtig miteinander.

In Prag konnte man deutsche Dialekte ebenso hören und verstehen wie die westslawische Sprache Tschechisch. Da das Alttschechische damals ausgeglichener und stabiler war als das Deutsche, mehrten sich Ende des 14. Jahrhunderts tschechisch abgefaßte Urkunden in den Kanzleien des Reiches. Das mittelalterliche Nationalbewußtsein dort galt Böhmen, der »natio bohemica«. Und die dort lebenden Deutschen waren davon genauso umfaßt wie Böhmen alias Tschechen. Staatsgrenzen mußten nicht durch Sprachgrenzen gegeben sein, nicht einmal der Begriff Nation war unweigerlich nur mit einer Sprache verbunden. Weit mehr zählte gegenseitiges Geben und Nehmen in Handel und Wirtschaft oder im kulturellen Austausch der schönen Künste.

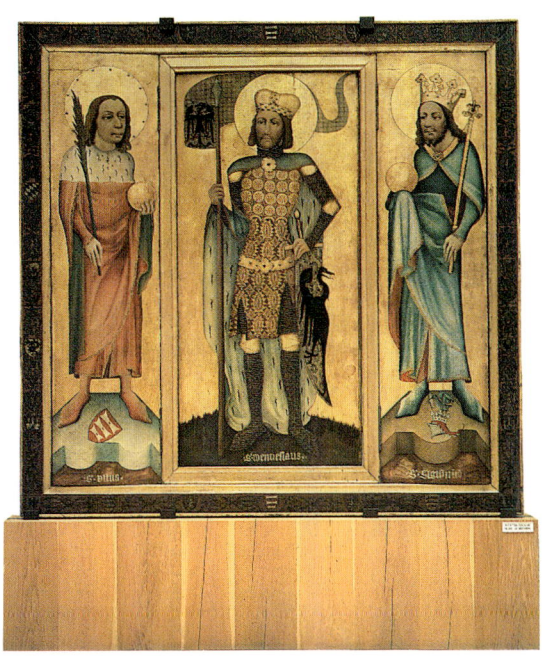

Hochaltar der Mühlhausener Veitskapelle aus der Prager Werkstatt des Meisters Theoderich, 1385. Heute befindet sich der fünfteilige Flügelaltar in der Stuttgarter Staatsgalerie. In der Mitte der böhmische Nationalheilige Wenzel, zu seiner Rechten Veit mit dem Wappen des Stifters Reinhard von Mühlhausen, zur Linken Sigismund.

Veitskapelle in Mühlhausen, 1380 vom Prager Bürger Reinhard für seinen Heimatort Mühlhausen gestiftet. Über dem Eingang das Wappen des Stifters, drei Mühlhauen.

So kam der große Baumeister Karls IV., Peter Parler, u.a. einer der Gestalter des Veitsdomes auf dem Hradschin, aus Schwäbisch Gmünd. Seine Tochter taufte er auf den slawischen Namen Ludmilla. Und ganz ohne Zögern ließen sich Schüler aus der berühmten Bauschule Peter Parlers von Reinhard von Mühlhausen anwerben, vor den Toren Stuttgarts die heute noch existierende Veitskapelle in Mühlhausen zu bauen. Reinhard von Mühlhausen, zusammen mit seinem Bruder Finanzberater von Kaiser Karl IV. in Prag, war nicht nur einflußreich, sondern auch sehr begütert: In Prag besaß er 1385 15 Häuser. Die Veitskapelle in Mühlhausen ließ er mit dem berühmten Altar des Meisters Theoderich aus dessen Prager Werkstatt ausschmücken. Auf dem Altar, der heute in der Staatsgalerie Stuttgart steht, erscheint der böhmische Nationalheilige Wenzel zwischen Veit und Sigismund stehend. Über dem Eingang der Kirche steht in gotischen Minuskeln der Name des Kirchenstifters: »Renhart von Mühlhusen«, »Burger zou Prag«. Nicht nur die bedeutendsten Kirchen Stuttgarts, die Stiftskirche, Leonhards- und Hospitalkirche, auch die Cannstatter Stadtkirche trägt die Handschrift von Schülern aus der Prager Bauschule Peter Parlers: von Hänslin und Aberlin Jörg. Die erste planmäßige Stadterweiterung Stuttgarts erfolgte nach Prager Muster. Anläßlich eines Besuchs in Prag 1392 bei König Wenzel, dem Nachfolger Karls IV., hatte der württembergische Graf Eberhard der Milde nämlich Gelegenheit, die von Parler angelegte Prager Neustadt zu bewundern. Nach diesem Muster ließ er im heimischen Stuttgart die »Esslinger Vorstadt«, das heutige Bohnen- und Leonhardsviertel, bauen.

Parler hatte in Prag einen großen, langgezogenen Handelsplatz, den heutigen Wenzelsplatz, neben dem alten Stadtgebiet angelegt; mit beidseits einmündenden Straßen, in denen neue Wohnungen, Werkstätten und Handelskontore Platz fanden. Um 90 Grad gedreht, also mit dem großen Handelsplatz nicht rechtwinklig, sondern parallel zur Innenstadtmauer, wurde das Prager Modell in Stuttgart nachempfunden: Die Hauptstätter Straße, die wie der Wenzelsplatz als Straßenmarkt diente, war in Länge und Breite um zwei Drittel seiner Maße verkürzt. Länge und Breite standen aber in Stuttgart wie in Prag im gleichen Verhältnis 11:1.

Was sich zu Zeiten Karls IV. noch als fruchtbare Koexistenz dargestellt hatte, nahm spätestens mit dem Prager Fenstersturz, Ausdruck der Opposition böhmischer Adliger gegen habsburgisch-kaiserliche Macht, eine andere Wendung. Der Prager Fenstersturz lieferte nicht

Stuttgart mit der ersten Stadterweiterung »Esslinger Vorstadt« um die Leonhardskirche und der späteren »Reichen Vorstadt« um die Hospitalkirche. Radierung von Matthias Seutter, um 1720.

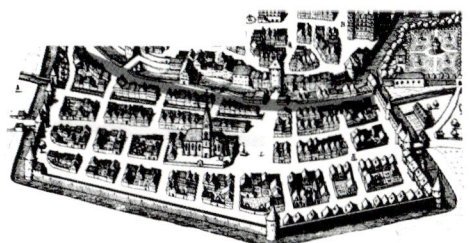

Merian-Stich Stuttgart, 1638. Der Ausschnitt zeigt die Esslinger Vorstadt mit der Hauptstätter Straße: Länge 230 Meter, Breite 21 Meter, Platzkantenverhältnis 11:1.

Altstadt

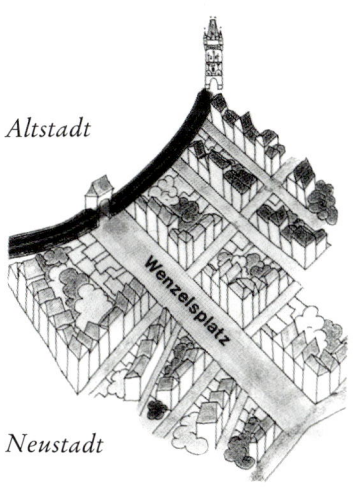

Neustadt

Prager Neustadt, unter Kaiser Karl IV. von Baumeister Peter Parler aus Schwäbisch Gmünd geplant, mit dem Wenzelsplatz: Länge 682 Meter, Breite 62 Meter, Platzkantenverhältnis 11:1.

nur den Startschuß für jene Serie von verheerenden Kriegen, die als Dreißigjähriger Krieg in die Geschichte eingingen. Er steht auch symptomatisch für die Konfrontation, die habsburgische Machtpolitik in den folgenden Jahrhunderten verschärfte und die bis hinein in soziale Schichten ihren Austrag fand. Diese Machtpolitik führte dazu, daß sich soziale Gegensätze bald in folgender Richtung verschärften: die Armen, die Unterdrückten, das waren die Tschechen und tschechisch Sprechenden – die Wohlhabenden, die Unterdrücker dagegen die österreichisch-habsburgischen Deutschen. Bis in die jüdische Bevölkerung Prags im 19. Jahrhundert hinein zog sich diese »Sprachgrenze« als Scheide zwischen arm und reich. Die reichen Juden sprachen deutsch, die armen tschechisch. Was sich da an sozialen und religiösen Spannungen zusammenbraute zwischen den Gegensatzpaaren deutsch-österreichisch contra slawisch-böhmisch, katholisch contra protestantisch, das deutete sich bereits unter Johannes Hus im 15. Jahrhundert an und kam mit dem Dreißigjährigen Krieg zum tragischen Ausbruch. Nicht von ungefähr begann er in Prag.

Das gesamte Spektrum möglichen Zusammenlebens von guter Nachbarschaft bis zu gegenseitiger Feindschaft zwischen Deutschen und Slawen wurde im Habsburgerreich vorgelebt. In der K.u.K.-Monarchie Österreichisch-Ungarn entfielen auf die beiden staatstragenden Völker der Deutschen und Magyaren zusammen 44,1 Prozent, auf die slawischen Nationalitäten – Tschechen, Slowaken, Slowenen, Serben, Kroaten, Polen, Ukrainer – hingegen 47 Prozent der Bevölkerung. Und obwohl sie die Mehrheit bildeten, waren die slawischen Nationalitäten in wirtschaftlichen und politischen Schlüssel- und Machtpositionen nur mit einer Minderheit vertreten.

Blinder Nationalismus

Für das Erwachen und Erstarken des nationalen Selbstbewußtseins der Slawen ist das berühmte Slawenkapitel des deutschen Philosophen der Romantik, Johann Gottfried Herder, aus seinem Werk »Ideen zur Philosophie der Geschichte der Menschheit« wichtig geworden. Die Slawen werden darin als Verkörperung des romantischen Humanitätsideals gesehen. Für die Slawen selbst bedeutete dies nicht zuletzt auch Anregung, ja Anstoß zur Rückbesinnung auf eigene Werte, Stolz auf das Eigene, auf Sprache und Tradition. In dem Maße, in dem sich dieses

»nationale Erwachen« in immer breitere Schichten fortpflanzte, trat der Haß gegen das Fremde – Deutsche – in den Vordergrund. Sobald die Menschen aber zur Masse werden, droht die Gefahr, daß Nationalgefühl in blinden Nationalismus umschlägt. Es entstand der Wunsch nach einer »Allslawischen Macht«, aus Selbstbehauptung der Slawen wurde Panslawismus, der wiederum prompt bei den Deutschen Angst hervorrief. Hoffnung auf eine Allslawische Gemeinschaft, die gedacht war als Föderation freier slawischer Völker unter der Führung der Russen – also in Abgrenzung gegen die »Germanen« ebenso wie gegen die Türken. Es ist interessant, daß den Panslawismus nicht Russen, sondern Angehörige kleiner staatsloser slawischer Völker erfunden haben. Daß dies von Rußland als Panrussismus, als Anschluß anderer Slawen an Rußland, aufgefaßt wurde, steht auf einem anderen Blatt. Aus Miteinander war Nebeneinander und schließlich Gegeneinander geworden. Nationale Geschichtsbilder wurden auf beiden Seiten eifrig in großer Einseitigkeit produziert, bis sie zu Feindbildern geworden waren. So auch im Verhältnis zwischen Deutschen und Russen.

Deutsche und Russen – Liebe und Haß

Die im folgenden geschilderten historischen Ereignisse und Persönlichkeiten spiegeln das Deutschlandbild der Russen und umgekehrt das Rußlandbild der Deutschen. Sie sind für das Kapitel »Württemberger und Russen« keineswegs marginal, sondern von einiger Wichtigkeit. Wird doch angesichts der Komplexität und Brisanz der Wechselbeziehungen zwischen Deutschen und Russen über die Jahrhunderte hinweg die außergewöhnliche gegenseitige Gewogenheit ausgerechnet im Verhältnis zwischen dem großen Rußland und dem kleinen Württemberg erst deutlich. In welcher Vielschichtigkeit, Toleranz, ja sogar Solidarität sich dieses Verhältnis dauerhaft gestaltet hat, kommt erst zur Geltung, wenn man es in den größeren Kontext deutsch-russischer Beziehungen stellt.

Deutsch-russische Beziehungen reichen weit zurück. Sie erstrekken sich über einen Zeitraum von mehr als einem Jahrtausend. Einer der ersten nachweisbaren deutsch-russischen Kontaktpunkte weist in das Jahr 959/960 zurück. Eine Gesandtschaft aus Kiew reiste im Auftrag der Fürstin Olga an den Hof König Ottos I.und bat um Entsendung christlicher Missionare, vielleicht auch eines Missionsbischofs.

Der Wunsch wurde erfüllt, und es machte sich ein Mönch Adalbert aus dem Kloster St. Maximin in Trier auf den weiten Weg nach Rußland. Seiner Mission war allerdings kein Erfolg beschieden, Byzanz sollte die Aufgabe der Christianisierung zwanzig Jahre später übernehmen. Adalbert wurde so zwar nicht zum Apostel Rußlands, aber er wurde der erste Erzbischof von Magdeburg und hatte als solcher weiterhin die Aufgabe, das Christentum unter den dort lebenden Slawen zu fördern. Es entwickelten sich Handelsbeziehungen entlang der Straße Kiel – Krakau – Prag – Regensburg. Heiratsverbindungen wurden zwischen den herrschenden Geschlechtern geknüpft, so z.B. zwischen Kaiser Heinrich IV. und der verwitweten Gräfin Adelheid von Stade, die eigentlich Eupraxia hieß und eine Tochter des Kiewer Großfürsten Vsevolod, eine Enkelin Jaroslavs des Weisen, war.

Wie stark die Einflüsse waren, zeigt sich auch daran, daß Mitte des 14. Jahrhunderts russische Städte wie Kiew und Smolensk deutsches Stadtrecht erhielten. Die Stadt Nowgorod im russischen Nordwesten am Ilmensee, von deutschen Kaufleuten »Grote Naugarden« genannt, hatte bereits 1189 einen Vertrag mit der Hanse abgeschlossen. Drei Jahrhunderte lang bestand eine Hanseniederlassung in den Mauern der Stadt. Nowgorod galt damals als Rußlands »Tor zum Westen«. Die berühmte Bronzetür der Nowgoroder Sophienkathedrale war in Magdeburg angefertigt worden. Kaiser Friedrich Barbarossa soll dem russischen Großfürsten Andrej Bogoljubskij Bauhandwerker ins nordöstliche Suzdal-Vladimir geschickt haben, und der Einfluß der westlichen Romanik auf die bis heute erhaltenen Baudenkmäler aus dem 12. Jahrhundert ist tatsächlich unverkennbar.

Für das deutsche Rußlandbild prägend wurde der livländisch-russische Krieg 1556 bis 1561; die russischen Heere Ivans IV. des Schrecklichen verbreiteten unter der vorwiegend deutschen Bevölkerung Angst und Schrecken, überzogen das Land mit Feuer, Mord und Plünderung. Ein Zeitgenosse berichtet vom Einfall der Russen: »Darut to fehende, wo ganz tyrannisch, morderisch und unminschlich der Erffeind der Moskowiter, mit den armen Christen darsulvest umbgegangen.« Dieses Trauma vom »Erffeind«, vom Erbfeind, ist geblieben. Es strahlte weit in den Westen und löste eine erste Welle der Rußland-Angst aus. Ein Motiv für Ivan IV. mag wohl die Gewinnung qualifizierter Arbeitskräfte gewesen sein. Was für viele Menschen die grausame Deportation ins Innere Rußlands bedeutete, führte zu einer erheblichen Verstärkung des deutschen Elements in Moskau.

Bis ins Jahr 1575 reicht die Geschichte der deutschen evangelischen Gemeinde in Rußland zurück. Den Anstoß zu ihrer Begründung gaben livländische Gefangene. Daß man derlei »Irrgläubige«, eine evangelische Gemeinde im rechtgläubigen Moskau, duldete, zeigt, daß sich die evangelischen Ausländer hinreichend nützlich gemacht hatten und unentbehrlich geworden waren. »Pünktlichkcit« und »Sposobnost«, was soviel heißt wie »Fähigkeit, fähig sein, Können«, »know how« also, sind noch heute die meistgenannten Begriffe, wenn Russen nach typischen Eigenschaften der Deutschen gefragt werden.

Um 1600 hat Zar Boris Godunov deutsche Ärzte, Apotheker und andere Spezialisten nach Moskau kommen lassen. Diese fügten sich zu den Handwerkern der bereits ansässigen deutschen Gemeinde. Die Deutschen führten in Moskau durchaus ein Leben in Wohlstand und gesellschaftlicher Anerkennung. Ein Deutscher berichtet in einem Brief: »... sie haben oftmals darüber mit Freuden geweinet, daß der liebe Gott sie eine solch herrliche Zeit all da in Moskau hat erleben lassen.«

»Nemeckaja Sloboda« – Deutsche in Moskau und St. Petersburg

Es ging aber nicht nur friedlich zu zwischen Deutschen und Russen damals in Moskau. Der rasche materielle Aufstieg der »Fremden«, ihr Wohlstand und auch einige Begünstigungen vor allem steuerlicher Art erregten Neid und Mißgunst der Moskowiter. 1648 kam es sogar zum Aufstand. Damals erreichte die Moskauer Kaufmannschaft, daß die Ausländer der Stadt verwiesen und in einer eigenen Vorstadt zusammengezogen wurden. Das war die »Nemeckaja Sloboda«, berühmt vor allem der Rolle wegen, die sie im Leben des jungen Zaren Peter des Großen spielte. Die deutsche Freiheit war sicherlich nicht sittlich-moralischer Art, obwohl der junge Zar Peter dort nicht nur Wissenschaften und Handwerk kennenlernte, sondern auch das Saufen und vor allem ihm frei begegnende, selbstbewußte Frauen. Freiheit bedeutete Freiheit von Steuern, das hieß ein steuerbegünstigter Stadtteil, meinte aber eigentlich »Ausländervorstadt«. Neben Deutschen lebten hier viele Engländer und Niederländer, deren Heimatländer internationale Handelsmächte waren. Bei Handwerkern, Apothekern und Ärzten und vor allem den militärischen Experten, den Offizieren, dominierten allerdings die Deutschen.

*Denkmal Zar Peters des Großen in St. Petersburg mit der Widmung der Stifterin, Katharina der Großen: »Katharina die Zweite Peter dem Ersten, 1782.«
Das Denkmal auf dem 1600 Tonnen schweren Granitblock wurde von dem durch Diderot empfohlenen Bildhauer Falconet geschaffen, Peters Kopf von dessen späterer Schwiegertochter Marie-Anne Collot gestaltet.*

Im 17. Jahrhundert gab es in Moskau bereits zwei, zeitweise sogar drei protestantische Ausländergemeinden, jede mit Pfarrer, Lehrer, Kirche und Schule. Pastor Gregorij, ein gebildeter und rühriger Sachse, hat die ersten Theateraufführungen am Hof des Zaren Alexej Michajlovic inszeniert. Und Peter der Große fand in seiner ersten unglücklichen, ihm aufgezwungenen Ehe Trost bei der Weinhändlerstochter Anna Mons aus der Ausländervorstadt. Dort sah und lernte er darüber hinaus viel Fortschrittliches und Vorbildliches. Die »Nemeckaja Sloboda« war seine erste Begegnung mit dem Westen, den er fortan bewunderte.

Das Aussiedeln der Fremden in eine eigene Vorstadt hat das Gegenteil der verfolgten Absicht erreicht. Gerade diese Geschlossenheit begünstigte die Ausprägung kultureller Eigenheiten, von Handel und Wandel nach eigenen Vorstellungen, deren Erfolg wiederum bewirkte, daß die Russen darin ein Vorbild sahen. Nun darf man sich freilich nicht vorstellen, die Deutschen in Moskau seien allesamt respektable Handwerker oder erfolgreiche Kaufleute u.ä. gewesen. Nicht wenige in der Heimat gescheiterte Existenzen, Abenteurer aller Art versuchten in Moskau ihr Glück. Hader, Streit und Neid gab es auch in der Nemeckaja Sloboda, und die Beamten des Moskauer Außenamtes, zuständig für die Belange der Ausländer, mögen das ihre gedacht haben, als sie erbitterte Kämpfe unter den Deutschen schlichten mußten, die ihren Ursprung im Problem der Sitz- bzw. Rangordnung der Offiziersfrauen im Kirchengestühl hatten!

Insgesamt jedoch wirkten die Deutschen in Moskau vorbildlich. Sie spielten bei der petrinischen Europäisierung Rußlands und der von Peter als Ostseehafen und Fenster zum Westen gegründeten Stadt St. Petersburg eine große Rolle. Einige Namen: Der Essener Bürgermeisterssohn Heinrich Huyssen war als Erzieher des Thronfolgers und offizieller Publizist des Zaren tätig, der Holsteiner Fick und der Schlesier Baron von Lüberas gingen dem Zaren bei der Vorbereitung und Durchführung der großen Verwaltungsreform zur Hand, der Bochumer Pfarrerssohn Ostermann brachte es bis zum Vizekanzler, der Militäringenieur von Münnich leitete den Bau des Ladoga-Kanals, und der Tübinger Bilfinger diente dem Zaren als Physiker, Mathematiker und Festungsbaumeister.

Peter berief eine ganze Reihe deutscher Gelehrter in seine Dienste, um seinen Plan einer Akademie der Wissenschaften zu verwirklichen, so auch den Philosophen Leibniz, der sich aber nicht zur Übersiedlung nach Petersburg entschließen konnte. Ein anderer bekannter deutscher Philosoph, Christian Wolff, nahm schriftlich als Berater an Peters großem Werk Anteil. Für die deutschen Philosophen der Aufklärung des 18. Jahrhunderts war Rußland anziehend, weil es noch eine Art »tabula rasa« darstellte. Ein Land, das noch nicht leide an Fehlern, Lastern und Verfallserscheinungen, das man quasi unbelastet neu gestalten könne: Ganz gemäß der Vorstellung der Aufklärung, man könne einen guten Staat schaffen, weil der Mensch gut sei, erziehe man ihn nur zum Guten.

Ein Blick auf St. Petersburg und dessen deutsche Bevölkerung: Im 19. Jahrhundert war jeder fünfte Einwohner dieser jungen Stadt Nichtrusse, jeder zehnte ein Deutscher. Das heißt, die Deutschen bildeten neben den Russen die zahlenmäßig stärkste Bevölkerungsgruppe in St. Petersburg, und das blieb so bis zum Ausbruch des Ersten Weltkriegs 1914. Die Deutschen lebten in Petersburg hauptsächlich in bestimmten Stadtvierteln. So galten z.B. der Kasaner Bezirk zwischen der Mojka und dem Katharina-Kanal mit Kaufleuten und Handwerkern wie Uhrmachern, Goldschmieden, Gerätebauern, Schneidern, Bäckern, Schuhmachern und das Ostende der Vasilevskij-Insel mit der Akademie der Wissenschaften und zahlreichen Schulen samt deutschen Professoren und Lehrern als »deutsche Viertel«. »Im Unterschied zu anderen, nicht russischen Völkerschaften, prägten die Deutschen durch ihre Individualität das allgemeine Antlitz dieser Stadt«, heißt es 1874 in einem Petersburger Reiseführer. Deutsche Bäckereien z.B. waren aus dem Straßenbild Petersburgs nicht wegzudenken, ja die Deutschen scheinen für das Brotbacken beinahe das Monopol besessen zu haben. Bis 1914 blieben hier sowohl ihre Sitten und Bräuche wie auch ihre Zunftsprache erhalten.

Die Deutschen gelten bekanntlich als die Vereinsmeier schlechthin. Und so gründeten beispielsweise die deutschen Ärzte in St. Petersburg bereits im Jahr 1819 den »Deutschen Ärztlichen Verein«. Erst viel später, 1834, kam es auch zu einer Vereinigung russischer Ärzte. Ein Hinweis auf die beeindruckende Gestalt des deutschen Arztes Dr. Fjodor Petrovic Haas aus Bad Münster/Eifel sei hier gestattet. Haas kam 1806 im Gefolge einer russischen Fürstin nach Moskau und feierte dort bald große Erfolge als Hausarzt der sogenannten oberen Zehntausend der Stadt, avancierte 1825 gar zum obersten Amtsarzt Moskaus, zum Stadtphysikus, verschrieb sein Leben aber schon bald der Hilfe für die Ärmsten der Armen in der russischen Bevölkerung – Gefangene, Kran-

30

ke, Bettler, Leibeigene. Vor allem kämpfte er unermüdlich für die Verbesserung der Haftbedingungen bei den großen Sträflingstransporten nach Sibirien und in den Durchgangsgefängnissen, wo ihm auch der Dichter Dostoevskij als Verbannter begegnete. Tief verehrt vom russischen Volk starb der »heilige Doktor«, wie ihn Lev Kopelev nannte, 1853 in Moskau.

Auch Gestalten wie Haas prägten das Bild der Russen von den Deutschen. Nachhaltiger wirkten jedoch negative Eindrücke. So wurde allgemein die Überfremdung des Wirtschaftslebens durch Deutsche, die vermeintliche Benachteiligung russischer Untertanen beklagt, da die deutschen Investoren Privilegien bei der Einfuhr ihrer Waren erhielten und Schutzzölle niedriggehalten wurden. Die deutschen Fachkräfte zogen meist nach einigen Jahren vertraglicher Tätigkeit mit beträchtlichen Ersparnissen ab. So reisten 1,3 Millionen Deutsche zwischen 1856 und 1875 nach Rußland ein! Die Deutschen galten im ausgehenden 19. Jahrhundert als »Klassenvertreter des Kapitalismus und des Kapitalbesitzes« schlechthin. Besonders gravierend wurde dies beim Eisenbahnbau empfunden. Von 35 Unternehmen in Petersburg wurden 28 von deutschen Betriebsleitern geführt, in Moskau von 47 Unternehmen 22 von Deutschen. Zeitweise war sogar die Umgangssprache im Bankwesen deutsch! Das Deutsche Reich war wichtiger Handelspartner für das Zarenreich. Daraus ergaben sich Abhängigkeiten. Zwischen den nationalen Ressentiments der russischen Mittelschicht den Deutschen gegenüber – man kann geradezu von einer »Germanophobie« sprechen, einer Deutschenangst – und der offiziell zelebrierten Freundschaft bestand ein bemerkenswerter Gegensatz. Zar Alexander war ausgesprochen preußenfreundlich eingestellt, und das russische Herrscherhaus war mit den meisten deutschen Herrscherhäusern durch Eheschließungen verwandt. Eine der größten russischen Zarinnen, Katharina die Große, war eine deutsche Prinzessin von Anhalt-Zerbst!

»Canaille allemande« – die deutsche Gefahr

Besonders im Militärwesen dienten viele Deutsche den russischen Zaren. Mitte des 19. Jahrhunderts trugen von 16 Corps-Kommandanten neun deutsche Namen. Unter 26 Befehlshabern waren acht Balten deutscher Herkunft. Gerade die baltendeutsche Ritterschaft verkörperte im russischen Zarenreich das verhaßte »preußische« Regime des Zaren Nikolaus I. Das Wort »deutsch« verkörperte in den sechziger Jahren des 19. Jahrhunderts all jene repressiven Tendenzen, von denen sich die aufsteigenden gebildeten Bürgerlichen Rußlands befreien wollten. Man sprach von der »Canaille allemande« im Zentrum der Macht am Zarenhof. Der Großteil der russischen Presse war in den 1870er Jahren deutschfeindlich gesinnt.

Das Schlagwort von der »deutschen Gefahr« ging um. Die Wogen schaukelten sich so hoch, daß deutschfeindliche Äußerungen vom Innenministerium unterbunden wurden. Die tieferen Gründe aber lagen weniger bei den Deutschen als bei der innenpolitischen Misere in Rußland. Die nach wie vor prominente Stellung der Deutschen im Staatsdienst machten viele Russen für das gestörte Verhältnis zwischen Volk und zaristischem Regime verantwortlich. Wieder lag diesem Bild ein allzu vereinfachtes Denkschema zugrunde. Umgekehrt war es aber auch bei den deutschen, ja westeuropäischen Liberalen und Radikalen im 19. Jahrhundert fast Tradition, ein negatives Rußlandbild zu pflegen. Rußland war ihnen der Anführer der »Heiligen Allianz« zum Schutze der Monarchen in Europa, mächtigster Repräsentant der Reaktion. Das galt insbesondere für das Rußland unter Zar Nikolaus, dem »Gendarmen Europas«, der nach der blutigen Niederschlagung des Aufstandes der Dekabristen als der Unterdrücker der Freiheit schlechthin gesehen wurde. Zu den Dekabristen, die den Liberalen in Deutschland nahestanden, zählten viele russische Intellektuelle, die im »dekabr«, im Monat Dezember des Jahres 1825 (nach dem Tod Alexanders I.) den Wechsel auf dem Zarenthron als Chance gesehen hatten, eine Änderung der politischen Mißstände im Land herbeizuführen. Viele von ihnen mußten dafür mit Haft und Verbannung nach Sibirien oder gleich mit dem Tod bezahlen.

Was schließlich in den Schreckenszeiten des Ersten und Zweiten Weltkrieges zwischen beiden Nationen geschah, wird im Bild des einen vom anderen über Generationen hinweg nachwirken. Ein ganz eigenes Kapitel müßte dem Thema der bis heute in den Ländern der ehemaligen Sowjetunion lebenden Deutschen gewidmet werden. Hier handelt es sich meist um Nachfahren jener Siedler, die Zarin Katharina II. vorwiegend aus Schwaben und der Pfalz ins Land geholt hatte, darüber hinaus um Nachfahren der so zahlreich aus Württemberg ausgewanderten Bauern und Handwerker, die 1817 nach Rußland gekommen waren, um in Württemberg dem Hungertod zu entgehen. Schließlich um die

Deutschen, die 1924 eine eigene autonome Republik an der Wolga gründeten, unter Stalin aus ihrer neuen Heimat an der Wolga vertrieben wurden. Sie seien an dieser Stelle nur erwähnt, ihnen kann in diesem Rahmen jedoch kein eigenes Kapitel gewidmet werden.

Furcht und Faszination – Urteile und Vorurteile

Das Bild, das sich eine Nation von einer anderen macht, schließt immer eine Fülle von Momenten ein, und zu jeder Zeit kommen neue dazu. Wohl läßt sich der Versuch unternehmen, ein solches Bild an geschichtliche Fakten, an konkrete Ereignisse rückzubinden. Seltsamerweise determinieren aber gerade diese Fakten nicht das Bild, was sich eine Nation von der anderen macht. In dieses Bild fließen unzählige individuelle Eindrücke, Vorstellungen, Vorurteile und Empfindungen ein, und aus diesem Gemenge bildet sich das, was man allgemein dann als Mentalität eines Volkes unterstellt. Es wirkt dabei viel Untergründiges und rational nicht Greifbares mit, das sich dem Aufweis historischer Sachbezüge entzieht.

Zwei Begriffe mögen helfen, die diffusen Hintergründe im deutschen Rußlandbild (andeutungsweise) durchsichtig zu machen. Der erste Begriff lautet »Tremendum«, das ist das, was den Menschen erschrecken läßt. Hierzu gehören Schrecknisse des Livländischen Krieges und Greueltaten des Zaren Ivans des Schrecklichen ebenso wie das geflügelte Wort »Kratze am Russen, und der Tatar kommt zum Vorschein«. Schlagworte wie »Russische Revolution«, »Bolschewismus«, die Greuel des Stalinismus, Strafgefangenen- und Todeslager in Sibirien, die Schlacht von Stalingrad und vieles andere mehr wären hier zu nennen. Dazu gehört auch die Vorstellung vom russischen Winter, von der Kälte, die die menschliche Existenz bis ins Mark bedroht, durchlitten nicht zuletzt von Deutschen in den Napoleonischen Feldzügen und im Zweiten Weltkrieg.

Der zweite Begriff heißt »Faszinosum«, das ist das, was den Menschen auf geheimnisvolle Weise anzieht und fesselt, eben fasziniert. Dazu gehören die goldenen Kuppeln der russischen Kirchen, das Märchenhafte der Zarenpaläste, die Weite und Schönheit der russischen Landschaft, die weite russische Seele ebenso wie die großartigen Leistungen der russischen Kultur, sei es die Literatur eines Puschkin, Dostoevskij, Tolstoj oder Pasternak, sei es die Musik eines Tschaikovskij, Rimskij-Korsakov, Mussorkskij und vieler mehr. Tremendum und Faszinosum, Abstoßung und Anziehung, liegen eng beieinander, ja verschmelzen bisweilen zu einem Bild.

Aus diesem janusgesichtigen Verhältnis von Attraktion und Verweigerung hat sich zwischen Russen und Deutschen eine besondere Beziehung eingestellt. Neben dem »Tremendum« im Zweiten Weltkrieg, dem Überfall Hitlers, behauptet sich das »Faszinosum« der deutschen Kultur, es behauptet sich die Bewunderung für das Organisationstalent und die technischen Fähigkeiten der Deutschen. Ein wahrhaft weites Feld, das auch und gerade im Verhältnis zwischen Württemberg und Rußland fleißig bestellt wurde!

Württemberger im Russischen Reich

Bauern aus Württemberg pflügen russische Erde

Die Größe und Weite des russischen Reiches, das Zarenreich als Land der unbegrenzten Möglichkeiten – diese Vorstellung hat nicht nur zahlreiche Forscher, unternehmungslustige Kaufleute oder gar Abenteurer angezogen, sondern bedeutete für viele einfache Bauern, Handwerker und Tagelöhner aus Württemberg letzte Hoffnung aus größter Not. Im Jahr 1817 schrieb Matthaeus Schlecht aus Neuweiler bei Böblingen, ein Bauer und Weber, Vater von drei Kindern, an das zuständige Oberamt ganz unmißverständlich: »Mein Gütlein ist zu gering, als daß ich mich mit meinem Weib und drei Kindern nach Abzug der davon zu entrichten habenden Abgaben ernähren könnte, und der Preis der diesseitigen Feldgüter zu hoch, als daß ich solches durch weiteren Ankauf zu vermehren vermögend wäre ... Mit meinem für die diesseitige Gegend kleinen Vermögen getraue ich mich aber in dem asiatischen Teil des russischen Reiches so vieles zu erkaufen, daß ich als ein arbeitsamer, gut prädigierter Mann, mit meiner Familie dabei mein Auskommen zu finden hoffe.«

Matthaeus Schlecht hatte sich zu einer Auswanderung nach Rußland entschlossen, und mit ihm zahlreiche andere Familienväter aus Württemberg, die in den furchtbaren Hungerjahren 1816 und 1817 der Not und dem Elend in Württemberg zu entkommen suchten. Sie hofften, sich in den fruchtbaren Weiten des südlichen russischen Reiches eine neue Existenz aufbauen zu können. Vielen ist dies auch gelungen:

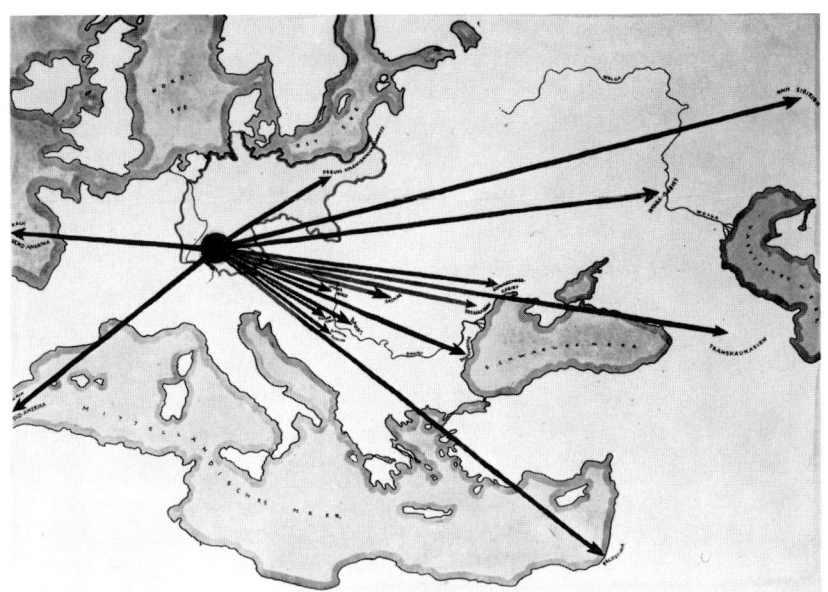

Die großen Schwabenzüge

mit Fleiß und harter Arbeit, mit Wagemut, Kreativität und einer großen Portion Gottvertrauen. Wanderten im ersten Zug 165 Bauern, 113 Handwerker, hauptsächlich Weber, und 165 Weingärtner samt ihren Familien aus, so war die Zahl der Württemberger, die bis 1820 nach Rußland und in die Ukraine ausgewandert waren, auf mehr als 20 000 Menschen angestiegen. Zum Vergleich: Württemberg zählte damals gut eine Million Einwohner. Die Situation dieser Menschen in ihrer Heimat Württemberg war hoffnungslos gewesen. Im Land herrschten infolge einer außergewöhnlichen Mißernte, frühen Frostes und Schnees schon in der Sommerzeit und einer seit 1797 wütenden Rinderpest Armut, Hungersnot und Teuerung. Wein und Obst waren schon im Frühjahr erfroren, das Getreide durch Überschwemmungen zugrunde gegangen. Das Vieh, das die Pest überstanden hatte, war wegen Futtermangels verendet, Saatgut nicht in Sicht. Wie es damals im Lande aussah, berichtet ein Zeitgenosse: »Die halbe Bevölkerung schlich bettelnd umher, die hohläugige, zerlumpte, sieche Armee des Hungers; die Kinder verließen die Eltern und schrien nach Brot vor fremden Türen, aus welchen sie der gleiche Jammer angrinste. Viele trieb die Not zum Wahnsinn, viele zum Verbrechen, wovon sie den Begriff verloren hatten.«

Als Durchzugsland der Heere in den Napoleonischen Kriegen hatte Württemberg unter Feldverwüstungen, Raub, Mord und Brandschatzung durch plündernde Soldaten, unter Zwangseinquartierungen und hohen Kriegssteuern zu leiden gehabt. Es gab kaum eine Familie, die nicht einen Sohn, Mann oder Bruder beim Rußland-Feldzug Napoleons 1812 verloren hatte: Von 15 800 Württembergern, die König Friedrich I., der »schwäbische Zar«, auf Geheiß Napoleons nach Rußland geschickt hatte, waren nur knapp 300 Männer wieder heimgekehrt! Der Höhepunkt der Not war 1817 erreicht, jenem Jahr, als Matthaeus Schlecht den rettenden Strohhalm ergriff, den der russische Zar Alexander den Württemberger Untertanen seiner Lieblingsschwester Katharina und seines Schwagers König Wilhelm I. hinstreckte.

Den Boden, der sie nicht mehr ernähren konnte, zu verlassen und auszuwandern, war für die hungernden Bauern die einzige Möglichkeit zu überleben. Diese Bauern nahm nun Alexander I. bereitwillig auf und stellte ihnen kostenlos Land im Süden Rußlands, auf der Krim, im Kaukasus und an der mittleren und unteren Wolga, zur Verfügung. Auf dreißig Freijahre brauchten sie dafür keine Abgaben und Steuern zu bezahlen. Dies geschah seitens des russischen Zaren allerdings nicht ganz uneigennützig. Denn diese Württemberger bedeuteten für Alexander fleißige, treue und politisch zuverlässige Untertanen in den neuerworbenen Grenzgebieten seines Reiches. Mit ihrem handwerklichen Können und ihrer reichen Erfahrung im Bereich der Landwirtschaft waren ihm die arbeitsamen Württemberger soviel wert, daß er sie sogar von der Militärdienstpflicht befreite. Das waren für russische Bauern, die noch bis ins Jahr 1861 als Leibeigene mit Haut und Haaren ihren Gutsherren gehörten, die sie beliebig kaufen, verkaufen, verheiraten oder auf 25 Jahre zum Militärdienst zwingen konnten, unvorstellbare Privilegien!

Als Vorbild an Pünktlichkeit, Fleiß und Ordnungsliebe waren die Württemberger manchen Reformwilligen unter den Regierenden eine Art Hoffnungsträger. Sie waren im Unterschied zu den russischen Bauern meist besser ausgebildet. Infolge der in Württemberg bereits im 16. Jahrhundert eingeführten Schulpflicht konnten sie im allgemeinen lesen und schreiben, wohingegen das Analphabetentum in Rußland erst nach der Revolution 1917 verschwand. So hatte sich bereits die Mutter von Zar Alexander I., die Württembergerin Maria Feodorovna alias Sophie Dorothea, auf ihr Landgut württembergische Bauernfamilien geholt, die für die in der Umgebung lebenden russischen Bauern Vorbild sein sollten im Anbau von Getreide, in der Viehzucht und in der Haushaltsführung. Dieses Experiment scheiterte jedoch kläglich, nicht zuletzt aus sprachlichen Gründen.

Es ging freilich nicht allen gut, die ihre Heimat in Württemberg aufgaben, um sich in russischen Landen eine neue Existenz aufzubauen. Davon zeugen diese Zeilen eines Auswanderers aus Ulm vom März 1817, der die auswanderungswilligen Württemberger daheim warnt: »Als Fremdling, heimathlos, in fernen Zonen trifft härter euch als hier des Schicksals Hand. Drum bleibt bei uns im lieben Vaterlande und trauet nicht dem ungewissen Glück.« Der Briefautor blickt sehnsuchtsvoll »von den Ufern des Dnjepr« nach Westen. Fünf Jahre seien vorüber, seit er zum letzten Mal »bei Ulm an dem Gestade« voll guter Hoffnungen »in das Schiff sprang«. Doch im fernen Rußland gab es nicht die erwartete freundliche Aufnahme: »Landstreicher nannten uns selbst die dort hausenden Teutschen, und wie solche wurden wir von den Russen und Tataren behandelt.« Der namenlose Autor erzählt jedoch auch eine anrührende Begebenheit, wie ihm ein alter Tatar sechs Rubel und drei Kupeken geschenkt habe, als sein armes Weib im Sterben lag. »Grüße die guten alten Freunde und warne jeden vor Übereilung und lebenslänglichem Unglück«, so schließt der Brief »An die Auswanderer in Württemberg«. Es bleibt Historikern späterer Jahre überlassen, Briefe aufzufinden und zu interpretieren, die umgekehrt im ausgehenden 20. Jahrhundert von »Rücksiedlern«, heute in Württemberg als »Aussiedler« bezeichnet, nach Osteuropa geschrieben werden.

Schon vor Alexander I. hatten russische Zaren Deutsche ins Land gerufen. Mit Wissenschaftlern, Ärzten, gut ausgebildeten Handwerkern, Bauleuten und Militärexperten versuchte Zar Peter der Große »know how« und Fortschritt aus dem Westen in das rückständige Zarenreich zu importieren. Katharina die Große hatte für ihre Kolonisationspolitik zur Besiedlung und Sicherung der Grenzgebiete ihres Reiches ergebene Untertanen gesucht, die das Ziel der Kolonisierung weiter Gebiete Rußlands zu ihrer Sache machten und ihre Chance samt den ihnen gewährten Privilegien mit großer Einsatzbereitschaft nutzten. So konnte sie mit Hilfe deutscher Auswanderer ab 1763 das eroberte Land mit zuverlässigen Leuten politisch wie wirtschaftlich integrieren. Sehr viele Württemberger waren Katharinas Aufruf damals allerdings nicht gefolgt. Die große Auswanderungswelle erfaßte Württemberg erst später.

Flucht vor Hunger und Not

Im Jahr 1817 war die Bereitschaft, die Heimat zu verlassen, weitgehend auf das Gebiet Alt-Württembergs konzentriert, vor allem auf die Gegenden des Schwarzwalds, der Südwestalb, Teile der mittleren Alb und insbesondere das Neckarbecken. Auch das Gebiet um die ehemalige Reichsstadt Esslingen stellte ein ansehnliches Kontingent an Auswanderern. Von hier machten sich über 500 Menschen aus 28 Gemeinden auf den Weg nach Rußland. Dabei kamen aus Esslingen zehn Familien, aus Altbach 17 und aus Bonlanden 19 Auswanderungsparteien. Plattenhardt verließen immerhin 15 Familien, Nellingen zehn Familien. Von Zell nahmen gar 23 Familien Abschied. Der Grund für die im Verhältnis zur Einwohnerzahl (eine Million Menschen) massenhafte Auswanderung lag nicht, wie vielerorts behauptet, im vielberufenen schwäbischen Unternehmungsgeist. Abenteurer sind unter den südwestdeutschen Auswanderern eher vereinzelt zu finden. Für die große Zahl der Auswanderer waren die bedrückenden Verhältnisse in ihrer

Heimat der Grund, ihr Glück in der Ferne zu suchen. Die Steuern drückten die Bevölkerung schwer, Brot war überteuert, die Prunksucht am Hofe zumindest in der zweiten Hälfte des 18. Jahrhunderts bis zur Jahrhundertwende unbeschreiblich. Während der Koalitionskriege von 1792 bis 1807 hatten sich die Lebensbedingungen für den gemeinen Mann zusätzlich erschwert. Im ersten Koalitionskrieg bezogen die Franzosen im Schwäbischen ihr Winterquartier. Auch im zweiten Koalitionskrieg mußte das Land das französische Heer versorgen. Von 1805 bis 1815 schließlich hatte Württemberg als Verbündeter Napoleons Kriegslasten und Lieferpflichten zu ertragen.

Die elende Lage der Bauern veranlaßte schon im Jahr 1804 viele, Hab und Gut zu verkaufen, um ins südliche Rußland auszuwandern. In diesem Jahr hatte Zar Alexander I. tüchtige Bauern und Handwerker in einem Erlaß aufgerufen, die unbewohnten Steppengebiete der südlichen Ukraine, die wenige Jahre zuvor Polen bzw. dem Osmanischen Reich abgenommen worden waren, urbar zu machen. Durch die geschickt verbreitete Flugschrift über »Privilegien der Kolonisten, die in den südlichen Provinzen des russischen Reiches angesiedelt sind«, drangen die verlockenden Versprechungen aus Rußland in die verarmten schwäbischen Dörfer. Zu den »Verlockungen« zählten Glaubensfreiheit, Befreiung von Steuern und Abgaben auf zehn Jahre, Befreiung vom Militärdienst und ausreichend fruchtbares Land.

Nicht mehr als 200 Siedler hatte Zar Alexander pro Jahr anwerben wollen. Aber schon in den Jahren 1803 und 1804 führte ein russischer Kommissar 6 000 bis 7 000 Deutsche von Ulm aus auf der Donau nach Südrußland. Alle württembergischen Untertanen, so hatte es der Tübinger Vertrag von 1514 bestimmt, besaßen das Recht zum freien und kostenlosen Zug außer Landes. Es genügte, wenn sie ihre Absicht fortzuziehen dem zuständigen Amt anzeigten, ihre Schulden bezahlten oder sich mit ihren Gläubigern verglichen. Versprechen mußten sie, binnen Jahresfrist nichts gegen den Herzog und das Land Württemberg zu tun und entweder alle auf württembergischem Territorium noch ausstehenden Streitfälle vor Verlassen des Landes nach inländischem Recht auszutragen oder sich mit der Gegenpartei gütlich zu einigen.

Nach der Auflösung des Heiligen Römischen Reiches Deutscher Nation 1806 galt württembergisches Recht auch für das Gebiet der alten Reichsstadt Esslingen. Da dem Landesherrn der massenhafte Verlust von Untertanen ein Dorn im Auge war und sich die Neigung zum

Auswandern nach der Einführung der allgemeinen Wehrpflicht noch erhöht hatte, was die militärischen Verpflichtungen im napoleonischen Satelitensystem unerfüllbar zu machen schien, sah sich König Friedrich I. gezwungen, mit einem Erlaß vom 29. Mai 1807 die Auswanderung generell zu verbieten. Das Verbot bewirkte aber letztendlich nur einen Stau. In jenem Jahr 1817, der furchtbaren Hungerszeit, ergoß sich eine Flut von Auswanderern nach Osten. Das Auswanderungsverbot war zwei Jahre zuvor aufgehoben worden. 1816 meldeten sich 3 108 Auswanderungswillige. Als im gleichen Jahr infolge furchtbarer Mißernten bittere Not hereinbrach, wuchs die Zahl schlagartig an. Bis Juli 1817 waren 17 216 Auswanderungswillige zu verzeichnen.

Religiöse Schwärmer und Separatisten

Die ersten Württemberger waren weniger aus materiellen Gründen ausgewandert, sondern aus religiösen. Mit neuen liturgischen Ordnungen war 1791 und 1809 sehr stark in die religiös-geistige Sphäre der Gläubigen in Württemberg eingegriffen worden. Viele Württemberger lehnten den neuen, von Staats wegen verordneten Kirchengeist ab. Hatten der Pietismus und auch die mystische Schwärmerei bis dahin bereits starke Anziehungskraft besessen, so war dies immer im Rahmen der evangelisch-lutherischen Landeskirche geschehen. Seit den neuen liturgischen Ordnungen hatten sich viele Gläubige dazu entschieden, aus der Kirche auszutreten. Diese »Separatisten« ließen ihre Kinder nicht mehr in der Kirche taufen und konfirmieren, sondern verrichteten dies wie auch das Abendmahl selbst. Da das die Landesobrigkeit nicht duldete, gerieten sie in Streit mit der Staatsmacht. Besonders die Anhänger der Separatisten in Zell-Altbach mit ihrem Wortführer Georg Frick fielen den Behörden auf. Sie störten sogar Gottesdienste in den Kirchen, und ihre Kinder mußten oft mit Polizeigewalt in die Schule oder zur Taufe gebracht werden. Nicht selten fanden sich die Wortführer der Bewegung eingekerkert auf dem Hohenasperg wieder. Die Separatisten sehnten sich daher zusammen mit all denen, die sich und ihre Kinder vor dem einreißenden »Unglauben« zu retten wünschten, nach einem Land, in dem sie nach der Lehre der evangelischen Kirche, wie sie sie auslegten, unangefochten leben konnten.

Viele Apokalyptiker, so auch der schwärmerische Jung-Stilling oder der Pietist Bengel, verkündeten die nahe Lösung des Weltenrätsels. »Wann die Jahreszahl bis auf 1800 steigt, so wird es nicht mehr weit vom Ziele sein, und da werden unsere Kindeskinder große Dinge erleben«, so wurde prophezeit. Der Anbruch des Tausendjährigen Reiches war für das Jahr 1836 errechnet. Der Bergungsort konnte in den Augen der Gläubigen nicht in Palästina sein, da Jerusalem damals fest in türkischer Hand lag. Also verfiel man auf das kaukasische Rußland als Ziel des chiliastischen Heimwegs. Man berief sich darauf, daß es in dieser Region am Berge Ararat gewesen sei, wo Noah einst mit seiner Arche auf Land stieß. Trotz des Auswanderungsverbots begannen die Separatisten eifrig für die Auswanderung zu werben und organisierten sich in »brüderlichen Auswanderungsharmonien der Kinder Gottes«. Ihre Wortführer waren nicht selten wohlhabende Männer, die ihr gesamtes Vermögen in die Auswanderung zu investieren bereit waren, um auch mittellosen Brüdern und Schwestern die Reise zu ermöglichen. Besonders die Esslinger »Harmonie der Gläubigen« nahm sich die urchristlichen Gemeinden zum Vorbild und proklamierte gar Gütergemeinschaft für die Reise und die Zeit in der neuen Heimat.

Im Jahr 1817, nach Aufhebung des Auswanderungsverbotes, wollte jedoch insgesamt gesehen nur ein Teil der Auswanderer aus solchen religiösen Gründen Württemberg verlassen. Aber die chiliastischen Separatisten machten durch ihren Einsatz die Massenauswanderung erst möglich. In ihrem Schlepptau und unter dem finanziellen Schutz der »Auswanderungsharmonien« zogen viele Angehörige der dörflichen Armut mit. Ein Bewohner von Pliezhausen bei Reutlingen erinnerte sich so: »Am 31. März 1817 zogen viele Personen von hier ab, wie es heißt nach Kaukasien, wohin zu ziehen sie theils durch trügerische Versprechungen, theils durch die Noth der Zeit und auch durch religiöse Schwärmerei verlockt und verleitet wurden. Die Ausgewanderten gehörten meist zu den Armen und wurden zu den Pietisten gezählt. Es scheint, die Obrigkeit habe keine Notiz von der Sache genommen. Es war damals immerhin eine arge Zeit.« Befragt nach den Gründen der Auswanderung gaben 867 Befragte religiöse Motive als Grund der Auswanderung an, die meisten jedoch nannten »Mangel an Nahrung«, »Vermögenszerfall« oder »Hoffnung auf besser Glück«. Prompt empörte sich ein pietistischer Autor, »daß viele Menschen in die Verbindung mitaufgenommen wurden, die nichts weniger als bekehrt waren, Menschen, die zwar eine zeitlang ihre religiösen Versammlungen besucht hatten und die Sprache der Gläubigen zu reden verstanden, die aber im Grunde ihres Herzens nur Freiheit von ihren bürgerlichen und kirchlichen Lasten, ein leichteres Durchkommen in dieser Welt oder gar einen Freibrief zu einem zügellosen unordentlichen Leben zu bekommen suchten.«

Wie dem auch gewesen sein mag, ein ganzes Netz von Auswanderungsharmonien, das sich vom Remstal ins Unterland, vom Schwarzwald bis zur nördlichen Alb erstreckte, war bald geknüpft. Bei der württembergischen Landesregierung hatte man über die jeweiligen Oberämter die Auswanderungsgesuche einzureichen. War die königliche Genehmigung erteilt, so erfolgte in den Zeitungen die oberamtliche Bekanntmachung, daß nachgenannte Personen aus dem entsprechenden Oberamtsbezirk die »allergnädigste Auswanderungserlaubnis« erhalten hatten. Haus und Hof, Land und Gut wurden nun feilgeboten, die für die Reise notwendigen Anschaffungen gemacht, es galt, bei den Gemeindeämtern die für die russische Gesandtschaft notwendigen Unterlagen über wirtschaftliche Tüchtigkeit und moralische Unbescholtenheit zu besorgen. Bei der russischen Gesandtschaft in Stuttgart mußte die Einreiseerlaubnis nach Rußland eingeholt werden.

Die Auswanderungswilligen wollten mit Anbruch des Frühjahrs, möglichst schon im Februar, die Reise antreten. Es würde März, erklärte die russische Gesandtschaft, sie sei nicht ermächtigt, die geforderte hohe Zahl an Pässen auszustellen. In großer Bestürzung beschloß die Esslinger Harmonie, ihre Sprecher Greuer und Frick nach Wien zu entsenden. Sie sollten dort beim russischen Gesandten ihr Glück versuchen. Tatsächlich gab dieser ihnen die feste Zusicherung, daß die Einwanderung nach Rußland freigegeben sei. Auch in Stuttgart war indessen die Nachricht des Zaren eingetroffen, daß Vorbereitungen für die Aufnahme der ersten 230 Familien getroffen würden. Der russische Staat bezahlte sogar eine zweiköpfige Vorausdelegation, die die Wahl des Landes und die Vorbereitung der Aussiedlung übernehmen sollte.

Entbehrungsreiche Reise ins Unbekannte

Ulm war der Sammelplatz für Tausende von Auswanderern. Jeder hatte für die Reise dorthin selber Sorge zu tragen. In Ulm achteten die russischen Vertreter streng darauf, daß jeder Auswanderer die vorgeschriebenen 300 Gulden nachweisen konnte. Die Bezahlung der Schiffsunternehmer erfolgte nach Schiffen und nicht nach Zahl der Passagiere, was zur Folge hatte, daß die Organisatoren in die kleinen

Donauschiffe so viele Menschen hineindrängten, als nur irgend möglich war. In 14 Kolonnen reisten die Auswanderer. Während der langen Schiffsreise kam es zu allerlei Konflikten. Zwei Vorsteher der »Brüderlichen Harmonie« machten sich mit der gutbestückten Gemeindekasse davon, und die Wohlhabenderen waren nun plötzlich nicht mehr bereit, mit den Beraubten in brüderlicher Harmonie zu teilen. Enttäuscht trennten sich viele von ihrer Kolonne und traten in den Dienst ungarischer oder moldauischer Gutsbesitzer. Je länger die Reise dauerte, um so knapper wurde den Übriggebliebenen das Geld. Man hatte die Reisenden auf dem Weg durch Bayern, Österreich und besonders in den türkischen Provinzen schwer geschröpft. Damit hatten sie vor Antritt der Reise nicht gerechnet und deshalb finanziell auch nicht kalkuliert. Bald ging es auf den Schiffen zu wie schon 1804: »Den Zustand dieser Menschen auf den engen unbequemen Donauschiffen schildert keine Feder. Alle Räume voll Männer, Weiber und Kinder; Gesunde und Kranke; Wöchnerinnen, Neugeborene und Sterbende; auch bereits Tote lagen hier übereinander; eine verpestete Luft war überall; selbst schon in der Nähe der Schiffe; ein Fluchen und Beten, Weinen und Lachen zerfleischte das Ohr.«

Die Donaugegend mitten im heißen Sommer mit ihrer Mückenplage, unregelmäßige Kost und die Monotonie der langsamen Schiffsreise drückten schwer auf die Stimmung und den Gesundheitszustand der Passagiere. Fiebrige Erkrankungen begannen, schon in Ungarn starben viele Menschen. In Ismail, der ersten russischen Stadt, hatten die Auswanderer auf Anordnung der Regierung eine mehrwöchige Quarantäne zu halten. Sie wurden auf einer kleinen unbewohnten Insel in Zelten untergebracht. Hier starben nochmals 700 Kranke. Insgesamt sind nur wenig mehr als die Hälfte derer, die sich in Ulm eingeschifft hatten, in Odessa angekommen. In Odessa wurden die völlig geschwächten Überlebenden für den Winter in den schon vorhandenen deutschen Dörfern untergebracht und versorgt. Im Frühjahr wurde denen, die genesen waren, in der Umgebung Land zugewiesen. Die hartnäckigen religiösen Schwärmer jedoch beharrten darauf, weiter in den Kaukasus zum gelobten Berge Ararat zu ziehen, was ihnen schließlich gelang.

Schwäbische Kunde in Kaukasien

Nach schweren Aufbaujahren zusammen mit anderen Auswanderern aus Deutschland, besonders aus Baden und der Pfalz, gelang es denjenigen, die die erste Zeit überlebt hatten, blühende Gemeinwesen entstehen zu lassen. Meist jedoch erst in der dritten Generation, denn auch hier galt: den Ersten der Tod, den Zweiten die Not, den Dritten das Brot. Noch heute existieren in den Gebieten der ehemaligen Sowjetunion pietistische Gruppierungen, die nach ihren regelmäßig abgehaltenen Erbauungs- und Andachtsstunden auf russisch »Stundisti« genannt werden. Viele der württembergischen Auswanderer haben sich ihre Eigenart, ihre Sitten und Gebräuche und ihre Sprache bewahrt.

Noch heute kann es einem auf einer Reise durch den Kaukasus so ergehen wie dem »rasenden Reporter« Egon Erwin Kisch, der inmitten eines babylonisch anmutenden Sprachengewirrs von Georgisch, Russisch, Armenisch oder Azerbaidschanisch plötzlich »schwäbische Kunde« vernahm, von Kaukasiern, die sich in recht altertümlich anmutendem schwäbischen Dialekt unterhielten. Kisch schrieb 1927 über die Württemberger Bauern im Kaukasus, die während des Ersten Weltkrieges und dann unter dem neu etablierten Sowjetsystem vor allem unter Stalin nichts zu lachen hatten, ja verfolgt und vertrieben wurden: »Sie würden ihren Grund und Boden gegen jeden Feind bis zum letzten Tropfen von Wein und Blut verteidigen, sind aber allesamt bereit, es ihren Ahnen von 1816 augenblicklich gleichzutun und, mit Kind und Habe auf dem Karren, zu Fuß auszuwandern.« Diese Bereitschaft ist gerade angesichts der gegenwärtigen politischen und wirtschaftlichen Umstände nach wie vor zwangsläufig groß.

Knapp zwei Millionen Deutsche leben noch heute in der Sowjetunion, auch Nachfahren der von Katharina der Großen ins Land gerufenen Donauschwaben und Pfälzer. 850 000 leben in Kasachstan, sie zählen dort zu den begehrtesten Kolchosbauern und Facharbeitern. Deutsche Touristen werden auf dem Markt von Alma Ata bisweilen freudig in ihrer Muttersprache begrüßt. Viele der in Kasachstan, Tadschikistan oder Kirgisien lebenden Deutschen haben Württemberger Ahnen. Diese hatten damals ihre zweite Heimat im Gebiet der mittleren und unteren Wolga gefunden, wo sie von 1924 bis 1941 als »Wolgadeutsche« sogar über eine autonome Republik mit 400 Schulen und fünf Hochschulen verfügten. Ihre zweite Auswanderung nach Hitlers Überfall auf die Sowjetunion geschah jedoch nicht wie anno 1816 freiwillig. Diese Auswanderung hieß Zwangsdeportation. Viele deutsche Mittel- und Großbauern waren bereits Anfang der 1930er Jahre den Massakern an den Kulaken zum Opfer gefallen, jenen Bauern, die nach Stalins Willen getötet oder deportiert wurden, da sie angeblich zu wohlhabend geworden waren. Der Vernichtungszug Stalins gegen die Kirchen traf insbesondere auch die Deutschen hart.

Stalins anfängliche Schikanen mündeten schließlich in die systematische Verfolgung der gesamten Volksgruppe der Deutschen wie der Krim-Tataren und Juden. Den Höhepunkt erreichte Stalins Terror nach Hitlers Angriff auf die Sowjetunion am 22. Juni 1941. Den Deutschen wurde unterstellt, sie unterstützten die faschistischen Eroberer. Am 20. August wurden etwa 45 000 Krim-Deutsche in Viehwaggons nach Zentralasien verschickt. Acht Tage später folgte das »Dekret über die Zwangsumsiedlung der 350 000 Deutschen aus dem Wolgagebiet«. Gleichzeitig wurde die autonome Republik aufgelöst, die letzten Schulen wurden geschlossen, deutsche Presseorgane verboten. Das Dekret ordnete an: »Bis zur Verladestation wird die gesamte Familie in einem befördert. An der Verladestation müssen jedoch die Familienoberhäupter in besonders für sie vorbereitete Eisenbahnwagen verladen werden. Ihre Familien werden nach speziellen Ansiedlungsorten in entlegene Gebiete der Union in Sondersiedlungen verschickt. Über die Trennung vom Familienoberhaupt darf ihnen nichts gesagt werden.«

Deutsche in anderen traditionellen Siedlungsgebieten sollten folgen. Viele Alte, Kranke und Kinder kamen schon beim Transport ums Leben. Hunderttausende vermochten dem Hunger, der Kälte und der Schwerstarbeit in den Lagern Nordsibiriens nicht zu widerstehen. Es ist hier nicht der Ort, die leidvolle Geschichte der Rußland-Deutschen ausführlicher zu schildern. Not und Leid der Menschen angesichts dieser Ereignisse sind jedoch beim Thema Württemberger und Russen mit zu bedenken, verweisen sie doch auf eine Problematik, die bis in die Gegenwart hinein nicht befriedigend gelöst ist.

Tu felix Württembergia nube: das Haus Württemberg und die Romanovs

Württembergische Prinzessinnen am russischen Zarenhof: Sophie Dorothea von Württemberg-Mömpelgard als Großfürstin Maria Feodorovna

> *»Denn hoch und niedrig, arm und reich, alles ist ihr Kind.«*
>
> J.W. von Goethe 1818 im »Maskenzug« über Sophie Dorothea von Württemberg-Mömpelgard

Am Beginn der dynastischen Beziehungen zwischen Württemberg und Rußland stand eine Frau: Sophie Dorothea von Württemberg-Mömpelgard. Sie war die erste, die die verwandtschaftlichen Bande zwischen beiden Herrscherhäusern knüpfte und damit den beiden Ländern vielschichtige Begegnungen menschlicher, geistig-kultureller, politischer, sozialer und ökonomischer Art eröffnete. Eigentlich wäre eine passive Ausdrucksweise für diese erste Annäherung angebrachter: Nicht Sophie Dorothea knüpfte erste Bande, sondern sie wurden mit ihrer Person geknüpft, ohne daß sie in irgendeiner Weise hätte Einfluß nehmen können, weder im positiven noch im negativen Sinn. Das blutjunge Mädchen wurde von ihren Eltern und einer fernen russischen Zarin namens Katharina mit einem ihr bis dahin unbekannten jungen Großfürsten verheiratet. Nicht nur in Fürstenkreisen war das die damals übliche Verfahrensweise. Ehen wurden geschlossen aus Gründen der Wirtschaftlichkeit, der Machtentfaltung oder -erhaltung. Privates Glück, partnerschaftliche Zuneigung, gar Liebe waren dabei zweitrangig.

Im Falle des russischen Herrscherhauses der Romanovs stand im 18. Jahrhundert die Knüpfung dynastischer Verbindungen mit westeuropäischen Fürstenhäusern im Interesse eines Eintritts Rußlands in die Reihe der europäischen Großmächte. Bis dahin hatten die Großfürsten

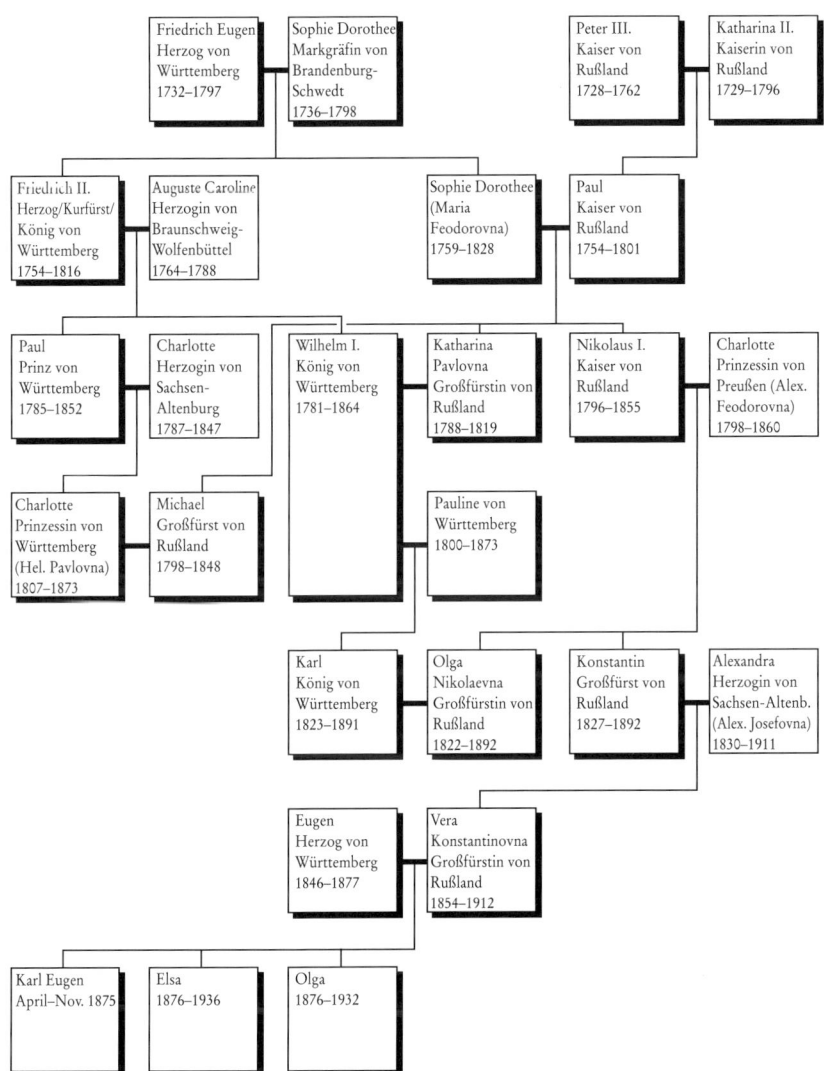

Dynastische Beziehungen zwischen Rußland und Württemberg.

*Portrait Maria Feodorovnas, geborene Prinzessin Sophie Doro-
thea von Württemberg-Mömpelgard. Sie trägt ein Bildnis ihres
Ehemannes Zar Paul von Rußland.*

und Zaren bei der Wahl ihrer Ehefrauen mit wenigen Ausnahmen meist gen Osten, allenfalls nach Schweden oder Polen geblickt. Vor allem in den Anfängen der russischen Geschichte dienten den russischen Fürsten Eheschließungen vornehmlich mit Prinzessinnen aus dem byzantinischen Kaiserhaus dem Aufbau und Ausbau des Einflußbereichs in dieser Richtung. Man denke nur an die Bedingung, welche im Jahr 988 bei der Christianisierung Rußlands an die Übernahme des byzantinischen christlichen Glaubens durch den Kiewer Großfürsten Vladimir geknüpft wurde: Eine purpurgeborene byzantinische Kaisertochter wollte er zur Gemahlin haben! Das bedeutete nichts weniger als die Aufnahme seines Kiewer Großfürstentums in den Kreis der Großmächte. Im 18. Jahrhundert wandte man sich gen Westen. Deutsche Prinzessinnen waren bis zum Untergang der Romanovs und der zaristischen Herrschaft 1918 sehr häufig am russischen Hof zu finden, und insbesondere die württembergischen Prinzessinnen am Zarenhof sollten sich durch ihr Engagement in kulturellen, sozialen und wirtschaftlichen Bereichen im Bewußtsein der Menschen einprägen.

Kindheit in Mömpelgard

Sophie Dorothea von Württemberg-Mömpelgard wurde am 25. Oktober 1759 in Stettin geboren, mitten im Siebenjährigen Krieg, an dem sich ihr Vater Herzog Friedrich Eugen von Württemberg – der Bruder des in Württemberg bis heute bekannten Herzogs Carl Eugen – unter Friedrich dem Großen von Preußen beteiligte. Seit dem Sommer 1759 erholte er sich in Stettin von einer Verwundung, umsorgt von seiner schwangeren Frau Friederike Dorothee Sophie, einer Prinzessin von Brandenburg-Schwedt. 1763 zog die kleine Familie in das Garnisonsstädtchen Treptow in Pommern, wo die Eltern Sophie Dorotheas im Schloß residierten und einen geistigen wie gesellschaftlichen Mittelpunkt für nah und fern darstellten. Zahlreiche kleine Feste, Konzerte und Theateraufführungen unter der Obhut des aufgeschlossenen Fürstenpaares belebten das kulturelle Klima.

1769 – Sophie Dorothea war gerade zehn Jahre alt geworden – zog die Familie ins linksrheinisch gelegene württembergische Mömpelgard, das heutige Montbéliard. Friedrich Eugen war diese Grafschaft von seinem Bruder Carl Eugen übertragen worden. Durch Eheversprechen war Mömpelgard bereits 1397 an Württemberg gefallen: eine

Mömpelgard mit dem Stadtschloß, 1595–1598 von dem Herrenberger Baumeister und Renaissance-Künstler Heinrich Schickhardt ausgebaut.

später protestantische Bastion im katholischen Frankreich, von der über die Jahrhunderte außerordentlich befruchtende kulturelle Impulse im deutschen wie im französischen Raum ausgingen.

In der lieblichen Gegend von Mömpelgard verbrachte Sophie Dorothea im Kreise ihrer Eltern und zahlreicher Geschwister – genau ein Dutzend Kinder hatte das Fürstenpaar vorzuweisen – glückliche und unbeschwerte Jugendjahre, die geprägt waren von einem harmonischen Familienleben. Einer der Brüder Sophie Dorotheas, Friedrich, sollte Württembergs erster König werden, und eine ihrer Schwestern, Elisabeth, die Gemahlin des österreichischen Thronfolgers Erzherzog Franz. Die Fürstenfamilie lebte weniger im wuchtigen Renaissance-Stadtschloß, das von dem aus Herrenberg stammenden württembergischen Baumeister Heinrich Schickhardt errichtet worden war und heute noch optisches Wahrzeichen von Montbéliard ist, als vielmehr im kleinen Schlößchen von Etupes, sechs Kilometer vor den Toren der Stadt. Das kleine Schloß, das ein heutiger Besucher vergeblich sucht, war von herrlichen Gartenanlagen umgeben, in denen, ähnlich wie im »Dörfle« der Franziska von Hohenheim, Gewächshäuser und Orangerien zu bewundern waren, Rosen- und Jasminlauben, Vogelhäuser und chinesische Brücken, eine Köhlerhütte, ein Schweizerhaus, eine Einsiedelei und vieles andere mehr.

Leicht läßt sich das ländlich geprägte Leben der kleinen Hofgesellschaft vorstellen, deren Mitglieder ab und zu auch gerne einmal »Bauer und Bäuerin«, »Schäfer oder Milchmagd« spielten. »Zurück zur Natur« – das war der Familie wohlvertraut, denn insbesondere Sophie

Das kleine Landschlößchen von Etupes, vor den Toren Mömpelgards gelegen, existiert heute nicht mehr.

Dorotheas Vater verstand sich als Anhänger rousseauschen Gedankenguts. In Fragen der Erziehung seiner Kinder stand er sogar in Briefwechsel mit dem großen Philosophen und Pädagogen Rousseau. Für damalige Verhältnisse also genossen die Fürstenkinder eine ausgesprochen fortschrittliche Erziehung, eine Tatsache, welche die russische Zarin Katharina die Große noch nach vielen Jahren der intimen Kenntnis des Familienlebens ihrer Schwiegertochter am russischen Zarenhof mit Mißtrauen und Skepsis erfüllte.

Wie das Alltagsleben der Familie in Mömpelgard aussah, davon mag eine Momentaufnahme von Etupes erzählen, aufgenommen von Baronin von Oberkirch: »Die Ruhe und der Friede, die an diesem Fleckchen Erde herrschten, ist unbeschreiblich. Ein vertrauter Zirkel, bestehend aus dem Hofstaat, einigen Einwohnern der Stadt, Nachbarn und Freunden, Besuchern, bildeten mit dem fürstlichen Paare eine reizende Gesellschaft. Wenn nicht alle gleich geistreich waren, so waren doch alle dem Haus ergeben ... Der Salon bildet des Abends einen wohltuenden Anblick: Die Kinder gruppieren sich um die Mutter, die jüngeren sind eifrig mit ihren Nummern beschäftigt, denn man spielt Lotto, das Modespiel der Zeit, und die Prinzessin hat mit ihren Damen etwa eine Lotterie für die Armen der Stadt veranstaltet. Der Herzog spielt eine Partie Schach. Dazwischen werden Tagesfragen erörtert, auch die Schwächen der einzelnen – und jeder hat solche – mit heiterer Laune und harmlosem Witz angegriffen und verteidigt.«

Es wurde viel gelesen, Schriftsteller waren gern gesehene Gäste. Auf den Putztischen der Damen lagen Plutarch und Rousseau, Lavater, das Evangelium und die Schriften Mesmers über den tierischen Magnetismus. Eifrig wurden die Entdeckungen der Naturforscher der damaligen Zeit verfolgt. Kaum hatten die Brüder Montgolfier die Welt mit ihren Ballons in Staunen versetzt, ließ man auch in Mömpelgard kleine Ballons aufsteigen.

Ein besonderes Anliegen war der Mutter Sophie Dorotheas die Armenfürsorge in ihrem kleinen Land, ja sie machte sie zu ihrer höchstpersönlichen Aufgabe, auch unter Einsatz ihres privaten Vermögens, was ihr als Mutter einer nicht gerade reichen Adelsfamilie hoch anzurechnen ist. Sie sorgte für ein Waisenhaus in Mömpelgard, unterstützte kinderreiche arme Familien, sorgte sich um gesunde Ernährung und gute Milch für die Armen. Bereits die kleine Sophie Dorothea mußte ihre Mutter auf deren Besuchen bei Kranken, Armen und Alten begleiten, eine Tätigkeit, welche das Kind tief prägte. Von ihrem

Das Portrait zeigt Henriette-Louise von Oberkirch (1754–1803), später Baronin von Waldner-Freundstein, im Alter von 18 Jahren. Sie war eine Jugendfreundin und Vertraute von Prinzessin Sophie Dorothea von Württemberg-Mömpelgard.

Vater erhielt Sophie Dorothea regelmäßig eine Art Taschengeld, und sie freute sich, daß sie damit ihr persönlich bekannten Bedürftigen helfen konnte. Ihre Freundin Henriette-Louise von Waldner-Freundstein, die spätere Baronin Oberkirch, die als Kind an den Hof von Mömpelgard zur Erziehung gegeben worden war und Sophie Dorothea auch dann noch als »amie de coeur«, als Herzensfreundin, zur Seite stehen sollte, als diese längst russische Großfürstin geworden war, schrieb darüber: »Wie oft habe ich gesehen, daß die Prinzessinnen sich irgendeinen Wunsch versagten, um einer armen Familie zu Hilfe zu kommen.«

Erste russische Kontakte

Sophie Dorothea genoß eine sorgfältige Bildung, bald galt sie in Europa als »entzückend schön« und »wohlgebildet«. Kein Wunder, daß der Blick der russischen Zarin Katharina II. der Großen auf das junge Mädchen fiel, als sie 1771/72 Ausschau hielt nach einer Braut für ihren 1755 geborenen Sohn und Thronfolger Paul. Doch die zwölfjährige Sophie war selbst für damalige Begriffe zu jung zum Heiraten. An den Freiherrn von Asseburg schrieb Katharina am 23. Januar 1771: »Ich gestehe Ihnen, daß ich mit Bedauern von der Wahl der Prinzessin von Württemberg absehe, aber die Vernunft siegt über die Leidenschaft, sie ist zu jung.«

Die Zarin mußte sich nach einer anderen Schwiegertochter umsehen, ihre Wahl fiel auf Wilhelmine von Hessen-Darmstadt, die allerdings schon zweieinhalb Jahre später am Kindbettfieber starb. Jetzt konnte sich Katharina ihren Wunsch doch noch erfüllen: Sophie war nun heiratsfähig. Den württembergischen Eltern mußte diese Heirat bei aller Skepsis gegenüber dem berühmt-berüchtigten Zarenhof Katharinas als ausgesprochen gute Partie erscheinen. Eine Württembergerin als zukünftige Zarin bedeutete in jedem Fall einen Aufstieg und barg politische Chancen und Möglichkeiten für Württemberg ebenso wie im privaten Bereich für die übrigen Familienmitglieder.

Bruder Friedrich in russischen Diensten – der »schwäbische Zar«

Für Sophies ältesten Bruder Friedrich sollte diese Chance schon sehr bald kommen: Er trat aus den strengen preußischen Diensten in russische Heeresdienste über, erhielt dort reiche Entlohnung und gute Aufstiegsmöglichkeiten: Bereits 1782 wurde Friedrich, der großes Interesse an der russischen Staatsverwaltung und dem Militärwesen an den Tag legte, u.a. auf russischer Seite am Krim-Feldzug teilnahm und das im späteren Napoleonischen Krieg zum Feindesland gewordene russische Reich detailliert kennenlernte, von Katharina II. zum Generalgouverneur des russischen Finnland ernannt. In dieser Funktion bemühte er sich mit großem Eifer um eine effektive Organisation des Behördenapparates und der Verwaltung. Als nicht selbstverständlich ist es zu betrachten, daß er sich sogar Grundkenntnisse der finnischen Landessprache erwarb und sich mit Sitten und Gebräuchen der Bevölkerung bekannt zu machen suchte.

1784 kaufte er bei Wiborg das Gut Charlottental und ließ dort ein Schloß erbauen, das er – württembergischen Ohren klingt es vertraut – »Monrepos« nannte. Privat war dies für den in erster Ehe mit Auguste von Braunschweig-Wolfenbüttel unglücklich verheirateten Friedrich eine wenig erfolgreiche, sehr schwierige Zeit. Ehezwist und Scheidungsverhandlungen beendete der plötzliche, bis heute mysteriöse Tod Augustes wohl bei der Entbindung eines von einem anderen Mann stammenden Kindes auf Schloß Lohde in Estland. Sorge bereitete Friedrich aber auch die Erziehung der drei gemeinsamen Kinder. Daß die Kinder, insbesondere einer der beiden Söhne, Wilhelm, der als späterer König von Württemberg die russische Zarentochter Katharina zur Frau nahm, eine nicht unbedeutende Zeit ihrer frühen Jugend in Petersburg verbrachten, mag nicht ohne Bedeutung für die Weiterentwicklung der russisch-württembergischen Beziehungen geblieben sein.

Auch Sophies Bruder Karl, 1770 in Württemberg geboren, diente als Generalmajor in russischen Diensten und gewann mit seiner Liebenswürdigkeit überall in Rußland Sympathien. Man bedenke in diesem Zusammenhang die menschliche Tragik des Napoleonischen Feldzugs gegen Rußland, zu dem Friedrich 1812, Jahrzehnte nach seinem Leben und Wirken in russischen Diensten, als König von Württemberg auf der Seite Napoleons gezwungen war. Gegen seine eigene

*»Le Baiser à la Wurtemberg« (»Kuß à la Würt-
temberg«). Die Karikatur von Honoré Daumier
zeigt König Friedrich I. von Württemberg, der
für seine enorme Leibesfülle bekannt war, mit
Königin Charlotte Mathilde Auguste von England, der zweiten Gemahlin Friedrichs.*

Schwester und den Neffen, den russischen Zaren, gegen die ehemaligen Offizierskameraden ein Kriegszug, dessen fatale Folgen im russischen Winter, in den Weiten des russischen Landes Friedrich als profunder Kenner des Landes warnend voraussehen konnte. Von 15 800 in den Krieg gepreßten Württemberger Soldaten kehrten 300 lebend zurück! Auch dies ein Stück württembergisch-russischer Geschichte.

Vom württembergischen Mömpelgard ins russische St. Petersburg

Die Aussicht, als Großfürstin am märchenhaften russischen Zarenhof zu leben, an der Seite des Zarevitsch Mittelpunkt prächtiger Hochzeitsfeierlichkeiten zu sein, mag für die damals 17jährige Württembergerin von einem gewissen exotischen Reiz gewesen sein. Die natürliche Neugier und Abenteuerlust einer aufgeweckten, an allem interessierten jungen Frau führte sicherlich mit zur insgesamt positiven Einstellung Sophie Dorotheas ihrem zukünftigen Schicksal in Rußland gegenüber. Angst vor der Zukunft, vor Intrigen und Feindseligkeiten, den Zwängen eines steifen Protokolls am Zarenhof, Bedenken gegenüber einer allmächtigen Schwiegermutter, Scheu vor einem fremden Mann, und vor allem Trauer darüber, den geliebten Familienkreis und das heitere, unbeschwerte Leben in Mömpelgard verlassen zu müssen, mögen die unerfahrene Prinzessin beschwert haben. Viel zum Nachdenken ist sie sicherlich nicht gekommen, denn es galt Vorbereitungen für die große Reise gen Osten zu treffen, Kleidung, Aussteuer, Reisegepäck und vieles mehr zusammenzustellen, die eine oder andere vertrauensvolle Begleitperson auszuwählen. Über die treuen Dienerinnen und Diener, die ihre Herrschaft bei jeweiliger Heirat in ein fremdes Land frag- und klaglos zu begleiten hatten, schweigt sich die Geschichtsschreibung aus. Allenfalls aus dem einen oder anderen intimen Brief meist anläßlich der Geburt eines Kindes oder einer Krankheit erfahren wir Namen oder Einzelschicksale.

Die württembergische Braut machte sich, zunächst noch begleitet von einem Teil ihrer Familie, auf den Weg nach Potsdam, wo im Jahr 1776 Verlobung gefeiert wurde. Anschließend begann die lange Reise nach Petersburg. Eine russische Großfürstin, gar eine zukünftige Zarin mußte unbedingt der russisch-orthodoxen Kirche angehören, und so bildete für die württembergische Protestantin der Übertritt zum russisch-orthodoxen Glauben den Auftakt ihres neuen Lebens in Rußland. Sophie Dorothea bekam mit der neuen Religionszugehörigkeit auch einen neuen Namen: Von nun an hieß sie Maria Feodorovna. Das orthodoxe Glaubensbekenntnis mußte sie in der feierlichen Übertrittszeremonie am 25. September 1776 auf russisch, genauer in der bis heute gültigen Kirchensprache Altkirchenslawisch hersagen. Zum raschen Erwerb der dazu notwendigen Grundkenntnisse der russischen Sprache hatte ihr Zarin Katharina auf der Reise von Potsdam nach Petersburg den Staatsrat Pastuchov entgegengesandt. An den Rand des Reisebefehls für Pastuchov schrieb sie: »Überzeugung kommt nach.« Ob sich diese Überzeugung jemals bei Sophie Dorothea alias Maria Feodorovna einstellte, darf bezweifelt werden. Der in protestantisch-pietistischer Tradition erzogenen Württembergerin fiel der Übertritt zum russisch-orthodoxen Glauben persönlich schwer, und sie hielt an ihrem Hof im engen Kreis zeitlebens pietistische Andachtsstunden ab. Nach diesen Stunden werden heute noch die Anhänger der pietistisch ausgerichteten religiösen Gruppe der »Stundisti« genannt.

Am 7. Oktober 1776 wurde die Vermählung des Großfürstenpaares gefeiert, und man darf ohne Zögern sagen, daß die ersten Wochen der jungen Maria Feodorovna am russischen Zarenhof unter einem guten Stern standen. »Belle comme le jour, faite à peindre«, wie sie von Baronin Oberkirch geschildert wurde, schön wie der Tag und zum Malen geschaffen, erfreute sich die anmutige Maria Feodorovna von Anfang an großer Beliebtheit bei der Hofgesellschaft. Vor allem für die Zarin selbst wurde sie zum ausgesprochenen Liebling. Gleich nach der Ankunft der Württembergerin schrieb Katharina an eine Freundin am 16. September 1776 über ihre Schwiegertochter: »Ich gestehe Ihnen, daß ich leidenschaftlich für diese bezaubernde Prinzessin eingenommen, leidenschaftlich im vollen Sinn des Wortes. Sie ist gerade so, wie wir sie gewünscht: schlank wie eine Nymphe, von weißer Gesichtsfarbe wie eine Lilie, mit dem Inkarnat einer Rose; von hohem Wuchs mit entsprechender Fülle und einer großen Leichtigkeit im Gang. Milde, Herzensgüte und Aufrichtigkeit sprechen aus ihrem Angesicht. Alle sind von ihr entzückt, und wer sie nicht liebt, ist im Unrecht, denn sie ist dazu geschaffen und tut alles, um geliebt zu werden. Mit einem Wort, meine Prinzessin vereinigt alles in sich, was ich wünsche, und somit bin ich zufrieden.«

Auch der englische Gesandte am russischen Hof, weniger der Voreingenommenheit verdächtig als die Schwiegermutter Katharina, berichtete übereinstimmend nach England: »Die Hofgesellschaft spricht mit großem Lob von der Prinzessin von Württemberg; man rühmt ihre Schönheit und ihre Manieren. Der Großfürst fühlt, wie es scheint, eine zärtliche Liebe zu ihr, so daß die Prinzessin eine ähnliche Macht über das Herz ihres Gemahls haben wird wie ihre Vorgängerin (gemeint ist die verstorbene erste Ehefrau Pauls, Wilhelmine von Hessen-Darmstadt), nur wird sie bei ihrem hervorragenden Verstand unstreitig einen besseren Gebrauch davon machen.«

Maria Feodorovna ihrerseits mag sich verständlicherweise mehr für ihren Mann interessiert haben. In den Tagen der Hochzeitszeremonien schrieb sie nach Hause an ihre Freundin Baronin Oberkirch zufrieden über Paul: »Ich bin sogar mehr als zufrieden, ich hätte es niemals mehr sein können; der Großfürst ist so liebenswürdig als möglich und vereinigt in sich alle guten Eigenschaften. Ich darf mir schmeicheln, daß ich von meinem Bräutigam sehr geliebt werde; dies macht mich sehr, sehr glücklich.«

Schloß Pavlovsk

Der von Zarin Katharina II. so heiß ersehnte männliche Erbe ließ nicht lange auf sich warten; dies festigte die Stellung der jungen Maria Feodorovna bei Hofe. Mit der Geburt des Sohnes Alexander im Dezember 1777 waren Thronfolge und Dynastie gesichert. Katharina zeigte sich darüber so erfreut, daß sie sogar dem Großvater des neugeborenen Enkels, Herzog Friedrich Eugen von Württemberg, eine jährliche Pension aussetzte. Dem nicht sehr begüterten kinderreichen Familienvater war dies wohlgetan! Das junge Großfürstenpaar aber erhielt ein Landgut zum Geschenk, fünf Werst, d.h. etwas mehr als fünf Kilometer, von der bei St. Petersburg gelegenen Residenz der Zaren, Zarskoe Selo, entfernt. Das Gut, zu dem noch zwei Dörfer, Linna und Kusnetz, gehörten, wurde nach dem Großfürsten Paul Pavlovsk benannt und bald nach Plänen Camerons mit einem ansehnlichen Schloß bebaut. Bei der Gestaltung eines riesigen Landschaftsparks rings um das Schloß mögen Erinnerungen an die Mömpelgarder Heimat, das Schlößchen Etupes mit den wundervollen Gartenanlagen, mitgespielt haben.

Maria Feodorovna ließ einen herrlichen Garten anlegen, und nachdem sie 1782 während ihrer Europareise in Stuttgart die kunstvollen Anlagen im Park von Schloß Hohenheim besichtigt hatte, mach-

Schloß Pavlovsk, 1782–1786 von Cameron für den damaligen Thronfolger Pavel und seine württembergische Frau Maria Feodorovna erbaut. Links der Blick auf das Schloß vom Slavyanka-Fluß. Oben links der Griechische Saal, oben rechts das Prunkbett.

te sie sich voll Begeisterung daran, auch in Pavlovsk Schweizerhaus, Meierei und Köhlerhütte, künstliche Ruinen und Wasserfälle nachzubauen. Im Unterschied zu Franziskas »Dörfle« in Hohenheim war das 400 Hektar umfassende Pavlovsk allerdings dreißigmal größer als das württembergische Pendant! Der Besuch des russischen Großfürstenpaares, das inkognito als »Graf Nord mit Gemahlin« reiste, bei Carl Eugen und Franziska von Hohenheim ist in Württemberg durch ein zeitgleiches Ereignis bis heute im Bewußtsein der Menschen präsent: Zu Ehren der hohen Gäste aus Rußland wurde in der Nacht vom 22. auf den 23. September auf Schloß Solitude eines jener prachtvollen Feste gefeiert, die selbst einen Casanova bewogen, den württembergischen Hof Carl Eugens als einen der »glänzendsten von ganz Europa« zu bezeichnen (in seiner »Geschichte meines Lebens«, Band VI, Kapitel III). Just jene Nacht nutzte der junge Schiller, um aus Stuttgart ins kurpfälzische Ausland nach Mannheim zu fliehen.

Maria Feodorovna hat von diesem Besuch in Württemberg zahlreiche Anregungen mitgenommen. Die Gespräche mit dem Herzogspaar, aber auch der Besuch der Hohen Carlsschule vermittelten ihr einen lebhaften Eindruck von den Gedanken, die Carl Eugen seit seiner Hinwendung zur Pädagogik und Landwirtschaft als nunmehr »guten Landesvater« umtrieben. Der Aufbau von Erziehungsanstalten und Bildungseinrichtungen bis hin zu einer öffentlichen Bibliothek, die Sorge um Waisenkinder, Armenfürsorge, Landwirtschaft und Gartenbau wurden dabei als vordringliche Themen diskutiert. Diese Ideen, zusammen mit den Jugenderfahrungen Maria Feodorovnas bei der Wohlfahrtspflege im württembergischen Mömpelgard, trugen entscheidend zu dem bei, was die Großfürstin und spätere Zarin zunächst auf ihrem Gut Pavlovsk, dann aber in vielen Teilen Rußlands im sozialen und bildungspolitischen Bereich verwirklichen sollte. Noch allerdings wuchsen diese Ideen im Verborgenen, denn immer noch herrschte die alte Zarin Katharina II., strenger und willkürlicher denn je. Zwanzig Jahre lang mußte Maria sich mit der Rolle einer von der Öffentlichkeit weitgehend ausgeschlossenen Großfürstin begnügen. Anstatt ihren Sohn Paul langsam an die Regierungsgeschäfte heranzuführen, bemühte sich die auf Alleinherrschaft bedachte Zarin im Gegenteil, ihn von jeglicher politischen Einflußmöglichkeit fernzuhalten, so, als hoffte sie, nicht den Sohn Paul, von dem sie offenbar nicht besonders viel hielt, sondern gleich ihren Enkel Alexander als ihren Nachfolger auf dem Zarenthron zu sehen.

Dies mag wohl auch der Hauptgrund dafür gewesen sein, daß sie der jungen Mutter Maria Feodorovna den Sohn gleich nach der Geburt wegnahm, um ihn selbst zu erziehen und nicht zuletzt dem Einfluß der freisinnigeren, im Geiste Rousseaus erzogenen Mutter zu entziehen. Grausam war dies für Maria Feodorovna, zumal ihr auch die nachgeborenen Kinder soweit als möglich genommen wurden. Wer die Tagebuchaufzeichnungen der Zarin Katharina II. kennt, weiß, wie sehr sie selbst als junge Frau darunter litt, daß ihr die damalige Zarin und Schwiegermutter Elisabeth ihren Sohn wegnahm. Der Entzug der Enkelkinder von der Mutter ist sicherlich nicht als Böswilligkeit zu sehen, sondern entsprang der tiefen Überzeugung, damit das Richtige zu tun. Katharina betrachtete es als Angelegenheit des Staates, personifiziert in der Zarin, den Thronerben zu erziehen.

Im Mai 1779 kam Maria Feodorovnas zweiter Sohn Konstantin zur Welt, dem eine griechische Amme beigegeben wurde und dessen griechischer Name vom Anspruch Katharinas II. kündete, Konstantinopel zu erobern.

Zehnfache Mutter und Mäzenin

Daß ihr die Erziehung ihrer Kinder so weitgehend aus der Hand genommen wurde, bedrückte Maria Feodorovna. Daß sie später dennoch ein ausgesprochen herzliches Verhältnis zu ihren erwachsenen Kindern hatte, ist um so erstaunlicher. Die Beschäftigung mit Musik und Malerei, mit dem Schneiden und Gravieren von Bernstein und Elfenbein halfen nur schlecht über den Kummer hinweg. Zu den zwei Söhnen gebar sie in den folgenden Jahren sechs Töchter: Alexandra, Helena, Maria, Katharina, die spätere Königin von Württemberg, Olga und Anna. Zum Geschwisterkreis gesellten sich noch weitere Söhne, Nikolaus und Michail, von denen ersterer als Zar Nikolaus I. in die Geschichte eingehen sollte.

Die Geburten ihrer Kinder boten Maria Gelegenheit, sich mehr und mehr aus dem Hofleben zurückzuziehen. So entging sie vielen Intrigen. Dem Großfürsten Paul blieb sie in herzlicher Liebe zugetan. Ähnlich wie ihre Eltern in Württemberg-Mömpelgard bildete Maria Feodorovna zusammen mit ihrem Mann in jenen politisch-gesellschaftlich eher zurückgezogenen Jahren den Mittelpunkt eines kleinen, erlesenen Kreises gebildeter Menschen. An ihrem einfachen, doch

Das Gemälde von G. v. Kügelgen zeigt Zar Pavel I.
mit seiner Familie, um 1800. Hinter der sitzenden Zarin

*Maria Feodovovna steht Großfürstin Ekaterina Pavlovna,
die spätere württembergische Königin Katharina.*

vornehmen kleinen Hof in Gatschina fanden Gelehrte, Dichter, Künstler und Musiker Aufnahme und Unterstützung. Lebhaft verfolgte sie die neuesten Erkenntnisse von Wissenschaftlern und Forschungsreisenden. Sie regte u.a. auch die Entdeckungsreisen Adam Krusensterns an, der als Entdecker der »Orlov-Inseln« gilt, unterstützte und befürwortete die Expedition Otto von Kotzebues, des Sohnes des Dichters August von Kotzebue, in die Südsee. Die Akademie der Wissenschaften ernannte sie berechtigterweise zu ihrem Ehrenmitglied.

Maria Feodorovna verfolgte von Rußland aus auch die Arbeiten und den Lebensweg von Künstlern aus ihrer württembergischen Heimat. So stand sie in Verbindung mit den Bildhauern Scheffauer und Dannecker, der in Stuttgart sein Atelier am Schloßplatz unterhielt und als einer der berühmtesten Absolventen der Hohen Carlsschule ihres Onkels Carl Eugen galt. Maria Feodorovna erteilte den beiden Aufträge für Arbeiten. Eines der berühmtesten Werke ist die Christusstatue, welche die von Danneckers Arbeit sehr angetane Großfürstin 1818 während ihres Stuttgart-Besuches bei dem Künstler bestellt hatte. Ein Schüler und Freund Danneckers, Johann Jakob Baun, brachte die Marmorfigur auf dem Wasserweg von Stuttgart nach St. Petersburg, wo er vom Zaren mit einer goldenen Dose und einem Golddukaten belohnt wurde. Die 225 Zentimeter hohe Christusstatue aus weißem Marmor rief eine Welle der Begeisterung hervor, als sie 1824 in Petersburg aufgestellt wurde. Drei Jahre später wurde in einem entlegenen Winkel des Alexander-Parks von Zarskoe Selo ein Pavillon eigens für die Statue errichtet. Dannecker wurde für sein Werk zum Ritter des heiligen Fürsten Vladimir IV. Klasse ernannt.

Die zweite Marmorausführung von Danneckers Christusstatue ging an die fürstliche Familie Thurn und Taxis nach Regensburg. Im Juni 1834 stiftete Dannecker das Gipsmodell dieser zweiten Ausfertigung der Hospitalkirche in Stuttgart, zu der er eine besondere Beziehung hatte, da sein Elternhaus ganz in der Nähe der Kirche in der Büchsenstraße 36 gestanden hatte.

Es herrschte ein vergleichsweise bescheidener Lebensstil am Großfürstenhof in Gatschina, ohne den üppigen Prunk und glänzenden Reichtum, der am Zarenhof üblich war. Großfürst Paul wurde mit Geld knappgehalten, Feste, Bälle und Theateraufführungen trugen so eine eigene, geschmackvoll-schlichte Note. Der Literaturkreis in Gatschina, der auch eine Liebhaberbühne unterhielt, war erfüllt von den Aufklärungsidealen der französischen Revolution. Maximilian von

Christus-Statue von Dannecker. Das hier abgebildete Gipsmodell schenkte der Bildhauer 1834 der Stuttgarter Hospitalkirche in dankbarer Erinnerung an seinen dort genossenen ersten Religionsunterricht. Es wurde im Zweiten Weltkrieg zerstört.

Klinger, ein Vertreter des »Sturm und Drang«, wirkte als literarischer Berater und Vorleser von Großfürst Paul, zu dessen Geburtstag im Jahr 1787 Schillers »Don Carlos« zum erstenmal in Rußland aufgeführt wurde. Dieses freisinnige Gedankengut und die freiheitsliebenden Menschen, die in Gatschina ein- und ausgingen, waren Katharina II. ein Dorn im Auge. 1795 stellte sie eigenhändig ein Verzeichnis mit Buchtiteln auf, die für Gatschina angeschafft werden sollten. Schillers Werke fehlten darin.

Die Belesenheit der Großfürstin Maria Feodorovna erregte Aufsehen. Während ihrer Europareise 1781/82, die das Großfürstenpaar unter anderem auch nach Paris führte, überraschte sie die französischen Gastgeber mit ihrem Wissen. Sie zitierte seitenweise aus berühmten Werken der Literatur und zeigte auch für Malerei großes Verständnis. Ein zehntägiger Schweiz-Aufenthalt und Besuch bei Lavater hatte einen vierjährigen Briefwechsel zwischen Maria Feodorovna und dem Theologen und Philosophen über religiöse Themen und Fragen zum Sinn des Lebens, über Sterben und Tod zur Folge. Folgenschwerer als ihr Interesse für derartige Themen war für Maria Feodorovnas künftige Untertanen allerdings ihr lebhaftes Interesse für soziale Einrichtungen. Schulen, Spitäler und Gefängnisse besuchte sie in Wien, Paris und Italien.

Thronbesteigung und soziales Engagement

Die Einsichten und Erkenntnisse, die Maria Feodorovna im Laufe der Jahre als Großfürstin gewann, konnte sie endlich in die Tat umsetzen, als »die Alte« am 17. September 1796 starb und Paul und Maria Zar und Zarin von Rußland wurden. Wie sehr sie darauf brannte, in den ihr so sehr am Herzen liegenden sozialen Belangen selbst tätig werden zu können und welch genaue Vorstellungen sie von der Umsetzung ihrer Pläne in die Praxis hatte, davon zeugt die Tatsache, daß sie noch während der offiziellen Krönungsfeierlichkeiten im April 1797 in Moskau damit begann, Findel- und Waisenhäuser persönlich zu besichtigen, mit deren Oberleitung sie als Zarin betraut war. In ihrem ehrlichen Bemühen um Besserung der sozialen Mißstände hätte sie bestimmt mit Unverständnis auf die Äußerung des Verdachts reagiert, diese demonstrative Hinwendung zu den Ärmsten sei nichts anderes als eine »PR-wirksame« Sympathiewerbung. Durch ihr soziales Engagement konnte sie die Verhältnisse im damaligen Rußland freilich nicht grundlegend ändern. Als Leiterin der weiblichen Erziehungsanstalten und des »Wohltätigkeitswesens«, zu dem der Unterhalt von Krankenhäusern ebenso gehörte wie Witwen-, Findel- und Waisenhäuser, Siechen- und Armenanstalten, konnte sie lediglich den schlimmsten Mißständen Abhilfe schaffen. Das Elend an den Wurzeln zu packen, eine endgültige Änderung der Verhältnisse zu erzielen, das wäre einer Revolution gleichgekommen und ausgerechnet von der Gemahlin des Zaren kaum zu leisten gewesen.

Daß Maria Feodorovna sich jedoch Gedanken über die Ursachen von Not und Elend machte und die notwendigen Ansatzpunkte durchaus sah, beweisen zum Beispiel ihre neuen Richtlinien für Erziehung und Ausbildung von Mädchen in den von ihr betreuten und vielfach neu gegründeten Schulen für Mädchen. Schon sechs Tage nach dem Tod Katharinas war Maria Feodorovna zur obersten Leiterin der weiblichen Erziehungsanstalten und des »Fräulein-Stiftes Smolna« in St. Petersburg ernannt worden. Das Smolny-Institut in St. Petersburg, das sie häufig besuchte, war bereits 1764 auf dem Frauenklosterkomplex Smolny als Internat für adelige Mädchen gegründet worden. Von August 1917 bis März 1918 diente es den »Köpfen der Revolution« wie Lenin, Trotzkij und anderen als Hauptquartier.

Die von Maria 1798 in St. Petersburg und 1802 in Moskau gegründeten Institute des St. Katharinenordens leitete sie selbst. Von den Pädagogen forderte sie die Erziehung der Mädchen nach rousseauschen Prinzipien. Verstand und Gemüt sollten gleichermaßen gebildet werden. In den Instituten, die nur Töchtern vornehmer Adelsfamilien offenstanden, sollten die Schülerinnen nicht nur mit Literatur-, Fremdsprachen-, Musik- und Tanzunterricht auf ihre Rolle bei Hofe vorbereitet werden, sondern – und das war ganz im Sinne Marias – sie sollten auch praktische Fähigkeiten einer »guten Hausfrau« erwerben. Diese »höheren Töchterinstitute« entsprachen bald hohen Ansprüchen. Madame de Staël zeigte sich 1812 vom Stand der Erziehungsanstalten angenehm überrascht. Maria Feodorovna hatte auch diverse Neuerungen eingeführt. So reduzierte sie die Internatszeit der Mädchen von zwölf auf neun Jahre und erhöhte das Aufnahmealter von sechs auf acht Jahre.

Der Mehrheit der russischen Bevölkerung blieben solche Bildungsmöglichkeiten noch lange verschlossen. Von der Arbeit Marias für Findel- und Waisenhäuser und Spitäler profitierten weit mehr

Das Smolny-Institut in St. Petersburg. 1917 befand sich hier das Hauptquartier des Revolutionsstabes um Lenin und Trotzkij.

Menschen. Was sie als junges Mädchen an der Seite ihrer Mutter in Mömpelgard im kleinen gelernt hatte, das konnte sie jetzt im großen anwenden. Daß sie von den zuständigen Amtspersonen genaue Aufstellungen, Daten und Fakten aus den einzelnen Hospitälern und Findelhäusern verlangte, brachte der unbequemen neuen Zarin manchen Feind, schuf ihr letztendlich jedoch bei allen Respekt und Anerkennung.

Ein Herz für Kinder

Im Moskauer Findelhaus, in dem rund tausend Kinder lebten, mußte jetzt eine Krankheitsstatistik geführt werden, die beängstigend hohe Sterblichkeitsrate bei Kleinkindern wurde untersucht, die Art der Tätigkeit der Kinder mußte genannt werden. Es zeigte sich, daß durch einfache Maßnahmen wie Schaffung von geräumigeren Gebäuden, bessere hygienische Bedingungen, Gärten den schlimmsten Mißständen abgeholfen werden konnte. Die häufige Präsenz der Zarin sicherte den Kindern liebevollere Pflege und gesündere Ernährung, denn die ihnen zugedachten Lebensmittel konnten aufgrund strengerer Kontrollen nicht mehr so ohne weiteres in dunkle Kanäle verschwinden.

Ernst nahm Maria Feodorovna die Frage nach den Lebensperspektiven dieser Kinder. Was sollte aus ihnen werden, wenn sie das Findelhaus verlassen mußten? Für eine minimale Ausbildung mußte gesorgt werden, das hieß zumindest für den notwendigsten Schulunterricht. Hinzu kam die Sicherung eines zumutbaren Arbeitsplatzes, zum Beispiel in der eigens dafür geschaffenen Baumwollspinnerei, der die Heranwachsenden ernähren konnte. Wer besonderes Glück hatte und durch Geschick und Begabung auffiel, konnte in Marias botanischen Gärten auf Pawlowsk, wo sie auch kranke Findelkinder zur Erholung aufnahm, den Apothekerberuf erlernen. Einigen wenigen ermöglichte sie sogar das Medizinstudium, andere konnten in den staatlichen Kanzleien ausgebildet werden, viele erlernten auf Kosten Marias ein Handwerk.

Eine Million Rubel jährlich hatte Zar Paul seiner Gemahlin als Einkünfte zugewiesen; den größten Teil davon gab sie für soziale Zwecke aus. Dazu gehörte auch die Schaffung eines Grundkapitals für die von ihr ins Leben gerufene Findelhaus-Bank und für Witwenkassen. Der Verwaltung der Findelhäuser unterstanden auch die Witwenhäuser in Moskau und St. Petersburg. Maria gründete Entbindungsheime für arme Frauen, die dort vor ihrer Niederkunft aufgenommen wurden und nach der Geburt noch einige Zeit betreut wurden.

Wenn sie auf ihrem Gut in Pavlovsk weilte, verteilte Maria Feodorovna täglich Almosen unter den Bewohnern der Dörfer, die vielen Bittschriften bearbeitete sie fast ausschließlich selbst, selten lehnte sie ein Gesuch ab. Kannte sie den Bittsteller persönlich, so schrieb sie oft an den Rand der Bittgesuche Bemerkungen wie »gern« oder »mit Vergnügen«. Erst als mit den Jahren die Gesuche beängstigend zunahmen, stellte sie 1820 Richtlinien zur Bewilligung oder Ablehnung auf. Als im Mai 1821 eine furchtbare Feuersbrunst in einer Vorstadt von Petersburg wütete, schickte sie als Soforthilfe 60 000 Rubel und erließ den Betroffenen die Leibeigenenabgabe, den »Obrok«, den die Leibeigenen in Form von Geld anstelle von Frondiensten abgeben mußten.

Daß sie über den Tag hinausdachte, Hilfe auf Dauer geben wollte, zeigen viele Aktivitäten besonders in Pavlovsk, wo sie in dem Sachsen Karl Küchelbecker einen sparsamen Verwalter hatte. So gründete sie 1806 im Pavlovsker Landhaus »Mariental« die erste Taubstummenanstalt Rußlands, angeregt durch ein persönliches Erlebnis. Beim Spaziergang im Park war Maria Feodorovna dem taubstummen Neffen des Erziehers ihres Sohnes Nikolaus begegnet. Sie bot ihm zunächst an, das Kind auf die Taubstummenanstalt nach Württemberg zu schicken. Da die Familie das Kind aber behalten wollte, beschloß sie noch in der Nacht nach diesem Gespräch, einen Spezialisten aus dem Ausland zur Gründung einer eigenen russischen Anstalt zu holen.

Gegen den Widerstand der Eltern führte sie die Impfung gegen Pocken obligatorisch für alle Kinder ein. Obwohl sich Jahre zuvor bereits Katharina die Große in einem Experiment und als Vorbild für ihre skeptischen Untertanen selbst gegen Pocken hatte impfen lassen, war der Widerstand der russischen Bevölkerung stark. Erst als nach der von Maria erzwungenen Impfung »ihrer Leute« eine Pockenepidemie aus der Nachbarschaft nicht auf Pavlovsk übergriff, legte sich der Widerstand. Vergegenwärtigt man sich die Vielfalt der Gebiete, auf denen Maria tätig war, so kann man ihr eine gewisse Bewunderung nicht versagen. Auch wenn man weiß, daß die Durchführung der von ihr angeregten Aufgaben in der Hand fähiger Mitarbeiter lag und ein Teil des Erfolges auch im Gespür der Zarin für Menschen lag, in der Auswahl der richtigen Mitarbeiter und in ihrer Fähigkeit, diese zu begeistern.

Ihre Ideen verwirklichte Maria gegen Schwierigkeiten und Widerstände aller Art. Als sie sich 1784 in Pavlovsk voller Elan an die Gründung einer Volksschule machte – der Württembergerin war die Schulpflicht in ihrer Heimat eine Selbstverständlichkeit, denn dort war diese unter Herzog Christoph bereits Mitte des 16. Jahrhunderts eingeführt worden –, die an die dortige Kirche angegliedert werden sollte, mußte sie rasch feststellen, daß die Bauern ihre Kinder gar nicht oder nur sporadisch zur Schule schickten, weil sie auf die Arbeitskraft der Kinder angewiesen waren. Erst nach Jahren konnte das Problem gelöst werden, indem diejenigen Bauern von ihren Abgaben befreit wurden, die ihre Kinder zur Schule schickten. Durch persönlichen Einsatz suchte sie das Prestige der Schule und den Ehrgeiz der Schüler zu erhöhen. So stiftete sie Preise wie silberne Löffel oder silberne Kreuze für die jeweils sechs besten Schüler eines Jahrgangs, bei deren Prüfungen sie selbst zugegen war.

Mit der Gründung einer deutschen Schule in St. Petersburg für deutsche Siedler hatte sie mehr Erfolg. In der der lutherischen Dorotheenkirche angegliederten Schule mit einem deutschen Lehrer wurden 22 Schüler im Alter von fünf bis 16 Jahren unterrichtet, die auf Anordnung Marias »milde und menschlich« behandelt werden sollten. Monat für Monat ließ sich die Zarin Schulhefte und Zeichnungen vorlegen. Man mag solchen Eifer belächeln und kritisieren, daß derlei verzettelter »Aktionismus« zwar viel Gutes im kleinen bewirkt haben mag, sie als Zarin oder zumindest Ehefrau des Zaren aller Reussen letztendlich jedoch von politischem Handeln im großen, von tatsächlicher Reform abhielt. Dabei überschätzt man allerdings die Möglichkeiten Marias als Ehefrau des regierenden Zaren inmitten einer adligen Interessengruppe, die eine Änderung der sozialen Verhältnisse nicht wünschte. Wie gering tatsächlich ihre Macht war, wird in der politisch wie persönlich so schwierigen Zeit Ende der 1790er Jahre bis hin zum Tode Pauls 1802 deutlich. Doch läßt sich die Tatsache, daß Paul bei seinem Regierungsantritt ein neues Thronfolgegesetz erließ, nach dem Frauen von der Thronfolge ausgeschlossen wurden, nicht zwingend als gegen seine Gemahlin Maria gerichtet interpretieren. Einen Staatsstreich gegen den eigenen Ehemann wie ihre Schwiegermutter Katharina die Große führte Maria wohl zu keiner Zeit im Schilde.

Schwere Jahre

Während sie ihrem Mann noch zu Beginn seiner Regierung mit ihren strengen, klaren Vorstellungen von Tugend, Gerechtigkeit und Moral auch in Regierungsangelegenheiten Autorität bedeutete, trat bald eine Entfremdung zwischen den einst so Vertrauten ein. Als sei Maria an die Stelle seiner so gefürchteten Mutter getreten, schloß Paul sie mehr und mehr von allem aus, ja wandte sich sogar offen gegen sie. Vor Mitgliedern der Hofgesellschaft soll er ihr einmal höhnisch vorgeworfen haben: »Sie haben die Absicht, Madame, sich Freunde zu verschaffen und bereiten sich vor, die Rolle einer Katharina II. zu spielen, doch sollen Sie wissen, daß Sie in mir keinen Peter III. finden.« Zar Peter III., verheiratet mit Katharina, wurde von deren Anhängern gestürzt und ermordet, um Katharina als Zarin an die Macht zu bringen.

Die sich allmählich immer deutlicher abzeichnende psychische Krankheit des Zaren Paul, seine unglückliche Politik, ja seine Unfähigkeit, das Land in ein neues Jahrhundert zu führen, das wachsende Mißtrauen seiner Umgebung gegenüber, Launenhaftigkeit und Verfolgungswahn sollen hier nicht Gegenstand der Erörterung sein. Für Maria Feodorovna verwandelte sich ihre anfangs allem Anschein nach recht glückliche Ehe mehr und mehr in ein unglückliches Verhältnis. Wie Maria selbst empfand, können wir heute nur aus Äußerungen anderer erahnen. Nur wenige Briefe von ihr sind erhalten. Vermutlich hat sie vieles ihrem Tagebuch anvertraut. Nach ihrem Tod hat ihr Sohn Nikolaus, zu diesem Zeitpunkt bereits seit vier Jahren als Zar in Amt und Würden, ihre Tagebücher ungelesen verbrannt, wie sie es ganz offensichtlich gewünscht hatte. »J'avoue que cela m'a fait beaucoup de peine«: Er gestehe, daß ihm dies viel Schmerz bereitet habe, so äußerte sich Nikolaus darüber seinem Bruder Konstantin gegenüber.

Daß ihr Mann eine ihrer Hofdamen, Katharina Ivanovna Nelidova, die seit 1776 zu ihrem Gefolge gehörte und am Smolny-Institut erzogen worden war, zu seiner Mätresse machte, muß Maria getroffen haben. Sie betrachtete dies als Prüfung, die Gott ihr geschickt habe. Wie sehr sie darunter litt, zeigt, daß sie 1785 sogar mit der Zarin darüber sprach. Katharina Nelidova galt allgemein als häßlich, aber geistvoll und liebenswürdig und besaß ein lebhaftes, sprühendes Wesen. Die Zarin soll ihrer schönen Schwiegertochter daraufhin einen Spiegel vor die Augen gehalten haben mit den Worten: »Ta rivale est un petit monstre.« Die Rivalin zog sich 1793 zurück, wurde aber ausgerechnet von

Maria selbst wieder an den Hof geholt. Außer ihr war inzwischen nur noch die Nelidova imstande, Paul vor unüberlegten Handlungen zunächst seiner Mutter Katharina gegenüber, später auf dem politisch-gesellschaftlichen Parkett abzuhalten. Aus dieser gemeinsamen, delikaten Aufgabe entstand allmählich eine Solidarität und Freundschaft zwischen den beiden Frauen. Durch Intrigen seitens Dritter, die Zar Paul einredeten, er werde von zwei Frauen beherrscht, fiel auch die Nelidova 1798 in Ungnade. In diesem Jahr wurde Pauls Verhalten gegenüber seiner Ehefrau immer rücksichtsloser. Ihre Freunde fielen in Ungnade und wurden vom Hof entfernt. Aus Wut entzog er ihr sogar vorübergehend die Leitung der Findelhäuser.

Das Jahr 1798 brachte für Maria weitere schlimme Schicksalsschläge. Ende 1797 war ihr Vater Herzog Friedrich Eugen von Württemberg gestorben. Freude, aber auch Anstrengung bedeutete unmittelbar darauf die Geburt ihres jüngsten Sohnes Michail am 8.2.1798. Einen Monat später starb ihre Mutter Herzogin Sophie Dorothee von Württemberg in Stuttgart. Einen schwachen Trost mag vielleicht eine weitere Verbindung zwischen Württemberg und Rußland bedeutet haben: In jenem Schicksalsjahr 1798 heiratete der Bruder Marias, Prinz Alexander von Württemberg, die Schwester der Gemahlin ihres Sohnes Konstantin. Zwei Jahre später trat der Württemberger in russische Militärdienste.

Wie verhängnisvoll und unberechenbar die Entwicklung Pauls als Mensch und regierender Zar sich gestaltete, darauf werfen zahlreiche Einzelereignisse ein bezeichnendes Licht. Eines davon, das Thema dieses Buches berührend, sei hier angeführt: Alle baltischen Amtsinhaber wurden entlassen, da sie als »Deutsche« galten und zur »Partei der Zarin« gehörten. Das Verhalten des Zaren trug mehr und mehr krankhafte Züge, bis schließlich der Wahnsinn ausbrach. Seine Schwiegertochter Elisabeth, Ehefrau des ältesten Sohnes Alexander, wollte er zusammen mit Maria Feodorovna in ein Kloster verbannen. Sein potentieller Nachfolger, Großfürst Alexander, sollte inhaftiert und Prinz Eugen von Württemberg, Sohn von Maria Feodorovnas Bruder Eugen, zum Thronfolger ernannt werden. Der junge Württemberger, seit 1798 als Chef eines Dragonerregiments in russischen Diensten, war derweil ahnungslos. Im Juli 1801 gelang es ihm, unauffällig nach Württemberg zurückzukehren.

Es ist Maria Feodorovna keinerlei Beteiligung an einer Verschwörung gegen ihren Mann nachzuweisen. Sie mag wohl allenfalls auf eine freiwillige Abdankung Pauls zugunsten ihres ältesten Sohnes Alexander gehofft haben. Daß sie nichts zur Rettung ihres Mannes unternommen hätte, ja gar von einer bevorstehenden Verschwörung gewußt habe, wurde und wird ihr immer wieder vorgeworfen. Nachzuweisen ist das jedoch nicht. Wer sich die Persönlichkeit dieser zutiefst religiösen Frau vor Augen hält, muß derartige Spekulationen als unwahrscheinlich abweisen. Nachdem sich Zar Paul zur Unterzeichnung einer Abdankungsurkunde zugunsten seines Sohnes Alexander nicht bereitgefunden hatte, wurde er im März 1801 von einer Verschwörergruppe ermordet. Ob und welche Rolle Alexander dabei spielte, ist und bleibt unklar. Maria war damals 52 Jahre alt. Die Ermordung ihres Mannes dürfte für sie einen Schock und unendlichen Schmerz bedeutet haben, der ins unsägliche stieg, als im selben Monat ihre Tochter Alexandra starb.

Witwe und Zarinmutter

Zeit, an ihren eigenen Schmerz zu denken, kann ihr nicht viel geblieben sein, denn die folgenden Ereignisse erforderten ihre ganze Kraft. Intrigen gegen ihre Person, die Krönungsfeierlichkeiten zur Inthronisation ihres Sohnes als Zar Alexander I. galt es zu bestehen. Maria Feodorovna war es nun, die der Zarenfamilie vorstand, ihr Rat, ihre Meinung waren mehr denn je gefragt, vor allem, was die Schaffung dynastischer Beziehungen, Heiratsangelegenheiten, Hofetikette und vieles andere mehr anging. Es ist immer wieder die Rede davon, daß Maria in jenen Jahren eine besondere Vorliebe für Prachtentfaltung in der Öffentlichkeit gezeigt habe. Dies paßt nicht ganz ins bisherige Bild der eher bescheidenen, sozial engagierten Württembergerin. Ihrem impulsiven, lebhaften Temperament schien die strenge Etikette, die am Hofe in ihren letzten Lebensjahren herrschte, entgegenzustehen. Auch daß sie die ihr anvertrauten Anstalten und Wohlfahrtseinrichtungen von nun an in vergoldeter sechsspänniger Kutsche, begleitet von Pagen und Husaren, stets zur selben Stunde besichtigte, mag befremden. »Sie fiel nie auch nur auf Augenblicke aus der Rolle und ihr ganzes Wesen hatte dadurch in den späteren Jahren etwas entschieden Theatralisches und Gemachtes bekommen«, so ein Zeitgenosse aus Hofkreisen.

Sorge für die Erniedrigten und Beleidigten

In Maria lebten die Sitten des 18. Jahrhunderts fort, auch wenn längst eine jüngere Generation am russischen Zarenhof in wichtige gesellschaftliche und politische Funktionen gelangt war. Sie gab dem Volk jenes glänzende Schauspiel von der Erhabenheit und Würde des Zarentums, von dem sie überzeugt war, daß das Volk es erwartete. Maria fühlte sich als Trägerin der Tradition und lebte danach. Weltfremd war sie deswegen keineswegs geworden. Davor behütete sie die unermüdliche Arbeit für die Erniedrigten und Beleidigten ihres Landes.

Wieder wurde sie besonders in »ihrem« Pavlovsk aktiv. 1810 gründete sie dort das Marienhospital mit dreißig Betten und drei Zimmern für unheilbar Kranke, für das sie einen Stabschirurgen, zwei Gehilfen und eine Hebamme anstellte, die zusätzlich die Kranken in den Dörfern unentgeltlich zu besuchen hatten. Wöchnerinnen, die als Tagelöhnerinnen arbeiteten, bekamen von ihr Geld, damit sie ihre Säuglinge nicht unversorgt im Stich lassen mußten, um die existenznotwendige Arbeit nicht zu verlieren, was sie als einen Grund für die hohe Säuglingssterblichkeit erkannt hat. Die Dienste der Hebamme allerdings scheinen von den mißtrauischen Bäuerinnen selten in Anspruch genommen worden zu sein, denn Maria sah sich bemüßigt, der schwangeren Ehefrau des Geistlichen zu schreiben, wenigstens sie solle ein gutes Bespiel geben und die Hebamme in Anspruch nehmen.

Manchen Mißerfolg mußte die fleißige Maria hinnehmen. So siedelte sie 1818, in den Zeiten großer Hungersnot in Württemberg, zwei Bauernfamilien aus Württemberg in Pavlovsk an, um damit den Anfang einer württembergischen Kolonie zu schaffen, die sie »Etupes« nannte, eingedenk ihrer Jugendjahre in Mömpelgard. Die Siedler bekamen Häuser, Vieh, Ackergerät und Saatgut geschenkt und sollten ein Vorbild musterhafter Hauswirtschaft für die russischen und finnischen Nachbarn auf Pavlovsk abgeben. Da die kleine württembergische Gemeinde völlig isoliert blieb – die Verständigungsschwierigkeiten und auftretende Mißverständnisse unter den einfachen württembergischen und russischen Bauern waren zweifellos nicht nur sprachlicher Art –, übte sie jedoch keinen nennenswerten Einfluß aus.

Die »Idee Pavlovsk« bedeutete nicht nur Schloß und prächtige Parkanlagen, nicht nur Blumengärten und Arboretum, sondern eine Art Musterlandwirtschaft. Das hieß Milchwirtschaft mit edlen Viehrassen, von deren Aufzucht Jungtiere an die Bauern zur Aufbesserung des Viehbestands verschenkt wurden. Es gehörten dazu auch ein Geflügelhof und ein Taubenhaus. Ein Tierarzt wurde angestellt, und Waisenkinder erhielten dort und in einer angegliederten Gartenbauschule Arbeit und Ausbildung. Guten Schülern schenkte Maria Feodorovna nach Schulabschluß 150 bis 300 Rubel als Anlagekapital auf einer Sparkasse.

Als wirkungsvoll erwies sich die Gründung der Pavlovsker Hilfskasse 1826. Maria stellte als Startkapital 10 000 Rubel zur Verfügung, die jährlich anfallenden Zinsen von 500 Rubel sollten zinslos, nur gegen eine Art Pfand oder Bürgschaft, an die Bauern ihrer Dörfer für ein bis zwei Jahre zum Ankauf von Vieh oder Ackergerät ausgeliehen werden. An eine Familie durften jedoch nie mehr als 100 Rubel insgesamt gegeben werden. Das bedeutete eine Perspektive für die Bauern. Sie hatten damit, wenn auch in bescheidenem Ausmaß, die Möglichkeit, eine Existenz zu gründen, etwas aufzubauen. Hilfs- und Sparkassen, Gartenbauschule, Taubstummenanstalt, Waisenkinder in Arbeit und Ausbildung auf dem herrschaftlichen Gut – wer sich in der württembergischen Landesgeschichte auskennt, dem kommt dies alles bekannt vor. Und wenn die Sprache auf ein »landwirtschaftliches Volksfest« ähnlich dem Cannstatter Volksfest kommt, das Maria Feodorovna 1821 in Pavlovsk gegründet hatte, sind die gegenseitigen Einflüsse offenkundig.

Maria unternahm 1818 eine Reise zu ihren an verschiedenen europäischen Fürstenhöfen verheirateten Töchtern. Besonders anregend war der Besuch bei der ihr sehr nahestehenden Tochter Katharina, die seit 1816 mit König Wilhelm I. verheiratet war. Zwei Wochen voller Begegnungen und Festlichkeiten erlebte sie im Herbst in Stuttgart, in den königlichen Weinbergen freute sie sich an der festlichen Weinlese, des Abends war der Neckar illuminiert, bewimpelte Schiffe fuhren auf dem Fluß, und den Höhepunkt bildete das erste Cannstatter Volksfest 1818 als landwirtschaftliches Fest mit Fachausstellungen, Musterviehschauen, Prämierungen, zahlreichen Festivitäten und Volksbelustigungen.

An der Seite ihrer Tochter besuchte Maria Feodorovna Schulen und Anstalten und war glücklich über die erfolgreiche Arbeit der Tochter und die vielen Anregungen, die sie nach Rußland mitnehmen konnte. Der von Katharina in Württemberg ins Leben gerufene Wohltätigkeitsverein hat sie so sehr beeindruckt, daß sie ihm mit 2 000 Rubeln Jahresbeitrag als Mitglied beitrat. Derlei württembergisch-russische Beziehungen dürfen wohl als die sinnvollsten und fruchtbringendsten angesehen werden. Marias Rückreise nach Rußland führte sie über Weimar, wo sie vom 1. bis 21. Dezember 1818 bei einer dort verheirateten Tochter weilte. Goethe dichtete damals ihr zu Ehren den »Maskenzug«.

Welch schlimme Nachricht, als sie, kaum zurück in Petersburg, vom plötzlichen Tod ihrer erst dreißigjährigen Lieblingstochter Katharina in Stuttgart erfuhr! 1801, kurz nach der Ermordung ihres Mannes, hatte sie den Tod ihrer Tochter Alexandra beklagt, 1803 starb die Tochter Helena, und nun, 1819, Katharina. Damit nicht genug: 1825 wurde die vielfache Mutter vom Tod ihres Sohnes Zar Alexander I. getroffen, mußte im Dekabristen-Aufstand im selben Jahr nicht nur die politischen Wirrnisse um dessen Nachfolge mitansehen, sondern erleben, wie ihr Sohn Nikolaus als neuer Zar die idealistisch gesinnten, gebildeten Söhne aus besten russischen Familien, die mit dem Aufstand gegen zaristische Willkürherrschaft für ein besseres Rußland, für ein erträglicheres Los der Menschen gekämpft hatten, mit Folterungen, Todesstrafe und Verbannung nach Sibirien verfolgte.

Die alte Dame lebte von nun an immer zurückgezogener, ihre Arbeit für die Armen und ihr Einsatz für Schulen füllten ihren Alltag aus. Immer war sie mit einem Rat, einem guten Gespräch oder einfach aufmerksamem Zuhören für andere da, sie blieb besonders für die jüngeren Menschen ein ruhender Pol inmitten eines von Intrigen und Machtkämpfen geschüttelten Zarenhofes.

Eine Schwiegertochter aus der württembergischen Heimat

Besonders nah stand ihr in jenen Jahren eine württembergische Prinzessin, die 1824 als ihre Großnichte und Schwiegertochter nach Rußland gekommen war: Prinzessin Charlotte von Württemberg. Die Tochter von Paul, einem Sohn König Friedrichs I. von Württemberg, wurde mit dem jüngsten Sohn Marias, Michail, verheiratet und erhielt nach ihrem obligatorischen Übertritt zur russisch-orthodoxen Kirche den Namen Helena Pavlovna. Dieser Württembergerin vertraute Maria ihr Vermächtnis an, die Sorge um die vielen Wohltätigkeitseinrichtungen und Bildungsinstitute, die sie im Laufe ihres siebzigjährigen Lebens geschaffen hatte. Helena Pavlovna verwaltete dieses Erbe gewissenhaft. Bis an ihr Lebensende arbeitete sie auf dem Gebiet der sozialen Fürsorge und Kunstpflege im Sinne Marias. Helena Pavlovna fühlte sich vielleicht auch am meisten verlassen, als Maria Feodorovna im November 1828 starb: »Von mir, der Verarmten, bleibt nur wenig zu sagen. Meine Ansprüche auf Glück ruhen fest oben im Schoße Gottes.« Zar Nikolaus I. schrieb nach dem Tod der von allen geliebten Mutter an seinen Vetter Herzog Eugen von Württemberg: »Dieses furchtbare Ereignis ist so schnell über uns gekommen, daß wir uns dadurch umso mehr erschüttert fühlen ... Urteile über unsere Gefühle nach Deinen eigenen Schmerzen!« Die Lücke, die der Tod dieser warmherzigen Frau hinterließ, wurde erst nach einiger Zeit deutlich. Für den Zusammenhalt der Familie war sie über Jahrzehnte hinweg die Integrationsfigur gewesen. Graf Uvarov, der Präsident der Russischen Akademie der Wissenschaften, schrieb nach ihrem Tod über Maria Feodorovna alias Sophie Dorothea von Württemberg-Mömpelgard: »Kaum je ist öffentliche Arbeit mit solcher Gewissenhaftigkeit, mit so beispiellosem Eifer geleistet worden, als es die Kaiserin tat. Mit Morgengrauen sich vom Lager erhebend, gab sie jeder Stunde des Tages ihre Bestimmung: Entweder in ihrem Arbeitszimmer, von wo aus sie ihre zahlreichen Anstalten leitete, oder in den Anstalten selbst, wo alles ihre sorgfältigste Aufmerksamkeit in Anspruch nahm. Nie erschienen ihr Details als minderwertige Kleinigkeiten. Zugänglich für jedermann, leutselig, nachsichtig, wirkte sie lebend durch ihren Zuspruch, verletzte nie durch ihren Tadel ... Wer immer das Glück hatte, die Kaiserin in der Nähe zu sehen, war von Staunen erfüllt über ihre Tätigkeit, die nichts zu ermüden vermochte, über den Großmut ihrer Güte, über ihre stets gleichbleibende Menschenliebe, die zur Bewunderung hinriß.«

Prinzessin Friederike Charlotte Marie von Württemberg als russische Großfürstin Helena Pavlovna

> *»An der hat sich Gott versehen – als*
> *Frau kann sie gar nicht alles brauchen,*
> *was er ihr gab.«*
>
> *Prinz Eugen von Württemberg*

Was Eugen von Württemberg, ein Vetter von Friederike Charlottes Vater, hier unverblümt ausspricht, mag so mancher Zeitgenosse von der württembergischen Großnichte der Zarin Maria Feodorovna ge-

Großfürstin Helena Pavlovna von Rußland, 1862. Lithographie nach Winterhalter.

dacht haben. Nach dem Motto »So unendlich viel ist zu tun bei uns« war sie am Zarenhof nach Maria Feodorovnas Tod nicht nur im sozialen und bildungspolitischen Bereich in die Fußstapfen der Zarin getreten. Sie griff das heikle Thema der Aufhebung der Leibeigenschaft in Rußland auf ihren Ländereien längst vor der offiziellen Regierung auf. Ihr Salon galt in Petersburg als geistiges Zentrum. Hatte Maria Feodorovna das mütterliche Element verkörpert, Herzenswärme, Güte und Verständnis ausgestrahlt, so repräsentierte Friederike Charlotte von Württemberg in Rußland deutsche Kultur und deutsches Geistesleben.

Ludwigsburger Kinder in Paris

Als ältestes von fünf Kindern wurde sie am 9. Januar 1807 in Ludwigsburg geboren und wuchs in der Stille und dem Gleichmaß des kleinen Hofes im Ludwigsburger Schloß auf. Ihr Vater Paul Friedrich Karl August, der jüngste der beiden Söhne von Herzog Friedrich II., der als erster württembergischer König und »schwäbischer Zar« in die Geschichte eingegangen ist, trennte sich 1817 – Friederike Charlotte war gerade zehn Jahre alt – von seiner Frau Charlotte von Sachsen-Altenburg und zog mit allen Kindern nach Paris.

Die beiden Mädchen schickte er aufs berühmte Pensionat der Madame Kampan in Paris, wo sie eine systematische Ausbildung genossen. Zuvor waren sie von einer Gouvernante mit recht rüden Erziehungsmethoden behandelt worden, die den Kindern anstelle von Wärme und Geborgenheit asketische Fastenübungen bot. In Paris blühten die württembergischen Prinzessinnen auf. Sie schlossen im Pensionat Freundschaft mit den zwei Töchtern des berühmten Naturforschers Georges Cuvier aus Mömpelgard, in dessen Haus sie häufig verkehrten. Cuvier, unter anderem auch Direktor des »Jardin des Plantes« in Paris, unternahm mit den Mädchen lehrreiche Spaziergänge und weckte so bei Charlotte das Interesse für die Beschäftigung mit der Natur, aber auch den Forscherdrang.

Nach vier Jahren Parisaufenthalt kehrten Charlotte und Pauline wieder an den Stuttgarter Hof zurück. Ihr Bruder Friedrich, der 1845 Katharina von Württemberg heiraten sollte, war der Vater des später in Württemberg so beliebten und bis heute bekannten Königs Wilhelm II., der 1848 in Stuttgart geboren wurde. Friederike Charlotte war also die Tante des letzten Königs von Württemberg. Ihr Vater Paul hatte sich dem russischen Hof durch sein rußlandfreundliches Verhalten empfohlen, indem er sich 1812 weigerte, im württembergischen Heer an der Seite Napoleons gegen Rußland zu kämpfen und statt dessen in russische Dienste trat.

Russische Brautschau in Württemberg

Daß Maria Feodorovna bei der Suche nach einer Ehefrau für ihren jüngsten Sohn Michail Ausschau nach Pauls Töchtern hielt, war also durchaus naheliegend. Im Jahr 1822 überreichte der russische Gesandte am württembergischen Hof, Graf Benckendorff, ein Schreiben des Zaren Alexander I. an Charlotte, in dem er um ihre Hand für seinen Bruder Michail bat. Die Einwilligung ließ nicht lange auf sich warten. Charlotte, ihrer Biographie nach eher kosmopolitisch denn besonders heimatverwurzelt, scheint von einer Zukunft am russischen Hof angetan gewesen zu sein. Bezeichnend, daß sie gleich mit großem Eifer Russisch lernte. Am Zarenhof wäre die Beherrschung der russischen Sprache nicht notwendig gewesen, da dort – wie an allen anderen europäischen Fürstenhöfen – Französisch die Umgangssprache war. Nicht einmal alle Mitglieder der Zarenfamilie beherrschten Russisch. Selbst der große Dichter Puschkin lernte erst von seiner russischen Amme die »Muttersprache« und von seinen russischen Eltern dagegen nur Französisch. Das erste russische Werk, das sich Charlotte durchzuarbeiten zum Ziel gesetzt hatte, war kein geringeres als Karamzins zwölfbändige »Geschichte des russischen Staates« aus den Jahren 1819 bis 1826, die Generationen von Politikern, Dichtern und Denkern beeinflußt hatte, u.a. auch Puschkin, Dostoevskij und Tolstoj. Das intelligente junge Mädchen wollte tief in die Geschichte und Kultur ihrer zukünftigen Heimat eindringen. Bei ihrer Einführung in die russische Gesellschaft am Ankunftstag in Petersburg sprach sie mit allen individuell und überraschte Karamzin mit dem Satz: »Ich kenne Ihr Werk, und denken Sie nicht, daß ich es nur in der Übersetzung gelesen habe: Ich habe es in russischer Sprache gelesen!«

Ihre positive Grundeinstellung scheint sich auf die neue Umgebung übertragen zu haben. Ähnlich wie ihre württembergische Vorgängerin Maria Feodorovna wurde sie am Hofe begeistert empfangen. Die 16jährige zeichnete sich durch Liebenswürdigkeit und Verstand aus und besaß eine anziehende äußere Erscheinung. Ein Zeitgenosse schrieb: »Sie hat ein ganz liebes, taufrisches Gesichtchen mit regelmäßigen Zügen, lebhaftem Blick und lieblichem Ausdruck. Ihre Gestalt ist nicht groß und noch nicht ganz ausgewachsen.« Bei ihrer Ankunft in Petersburg am 30. September 1823 soll sie geäußert haben: »Ich fühle, daß ich heimatlichen Boden betrete.« Die Zukunft sollte zeigen, daß dies keine Phrase war.

A. M. Michailowskij-Danilowskijs Urteil über Charlotte, die bei ihrem obligatorischen Übertritt zum russisch-orthodoxen Glauben den Namen Helena Pavlovna erhielt, also Helena, Tochter des Paul, steht stellvertretend für das Urteil der russischen Hofgesellschaft: »Sie ist ein Phänomen, hat die Aufmerksamkeit aller auf sich gezogen und ist seit mehr als einem Monat allgemeines Gesprächsthema ... Ich weiß nicht, wie ihr weiteres Schicksal in Rußland sich gestalten wird, aber als sie zu uns kam, verstummten Neid und üble Nachrede, die sonst ihr Unwesen an den Höfen treiben.« Wer all diese Vorzüge am wenigsten zu schätzen schien, war ihr zukünftiger Ehemann Großfürst Michail, der sich ihr gegenüber kühl und abweisend verhielt. Er hatte sich hartnäckig gewehrt, eine deutsche Prinzessin heiraten zu müssen. Alles Deutsche verachtete er. Es sollte eine unglückliche Ehe werden, die am 8. Februar 1824 geschlossen wurde.

Einzig zu ihrer württembergischen Schwiegermutter und Großtante Maria besaß Helena Pavlovna von Anfang an ein absolutes Vertrauensverhältnis. Die Zuneigung, ja Freundschaft der beiden Württembergerinnen beruhte auf Gegenseitigkeit. Das Testament Maria Feodorovnas enthielt die Bitte an Zar Nikolaus I., die Leitung der von ihr betreuten Wohltätigkeitseinrichtungen und Schulen im Land, kurz die »Institute der Kaiserin Maria Feodorovna« genannt, ihrer jüngsten Schwiegertochter zu übertragen. Diese erfüllte ihre große Aufgabe gewissenhaft und mit großem persönlichen Engagement. Sie führte das Bestehende im Sinne Maria Feodorovnas weiter, fügte Neues hinzu und modernisierte behutsam im Laufe der Jahre.

Der Chirurg Nikolaj Pirogov – Medizinische Verhältnisse in Rußland

Nach dem Tod ihrer Tochter Elisabeth, die noch nicht zwanzigjährig 1845 am Kindbettfieber gestorben war, gründete Helena Pavlovna in Petersburg das Elisabeth-Krankenhaus und ein Elisabeth-Kinderheim. Den erneuten Schmerz ein Jahr später beim Tod ihrer ältesten Tochter Marie, die an Lungentuberkulose starb, verwandelte sie in die Gründung des Marien-Kinderheimes in Pavlovsk.

Offen zeigte sie sich gegenüber der neuen Methode ihres Leibarztes, mittels körperlicher Untersuchungen am Patienten zu diagnostizieren, was in Rußland als unerhört empfunden wurde. Als der renommierte Chirurg Professor Pirogov (1810 – 1881) nach der Veröffentlichung seines wissenschaftlichen Werkes »Hygiene, bessere Krankenpflege, Prophylaxe« öffentlich als »Scharlatan und Raisoneur« beschimpft wurde, nahm sie ihn in Schutz und ergriff vor aller Augen und Ohren seine Partei. Ihr Interesse den Naturwissenschaften gegenüber, aber auch ihr Vermögen, wissenschaftliches Denken und Arbeiten nachzuvollziehen, wie sie es als Kind vom großen Cuvier in den Pariser Parkanlagen gelernt hatte, ließen sie immer wieder auf der Seite des Fortschritts stehen. In der Medizingeschichte hat Pirogov, der u.a. erstmals Äthernarkosen zur Schmerzstillung bei Operationen von Kriegsverwundeten im Kaukasus-Krieg anwandte, als erster in Rußland anatomische Studien an Leichen betrieb und 1849 den Gipsverband bei Knochenbrüchen in der russischen Chirurgie einführte, einen festen Platz. Noch heute trägt eine Art der Fußgelenkamputation seinen Namen. Seine These »Es gibt keine Medizin ohne Chirurgie und keine Chirurgie ohne Anatomie« hatte Pirogov schon als 26jähriger in seinem wegweisenden Werk »Chirurgische Anatomie der arteriellen Stränge und Faszien« vertreten und damit gegen viele Kollegen angeschrieben, welche die Anatomie als nutzlos bezeichneten.

Sein prachtvoll illustrierter anatomischer Atlas, in dem er auch das von ihm erstmalig entwickelte Verfahren der Gefrierdurchschnitte veröffentlichte, gewinnt vor diesem Hintergrund besondere Bedeutung. Als er zum Professor der Hospitalchirurgie an die militärärztliche Akademie in Petersburg berufen wurde, richtete er sogleich ein anatomisches Institut ein. Lange vor der Entdeckung der mikrobiellen Fäulniserreger durch Louis Pasteur kämpfte Pirogov empirisch gegen Wundinfektion mittels Chlorkalklösung, Jodtinktur und Silbernitrat.

Als Pirogov aus dem Kaukasus-Krieg voller Pläne zur Weiterentwicklung der Chirurgie in Rußland in die Hauptstadt zurückkehrte und sich ordnungsgemäß beim Kriegsminister Tschernyschew zurückmeldete, erschien er in »falscher« Uniform, da sich diese inzwischen geändert, Pirogov aber inmitten seiner Arbeit davon nichts erfahren hatte. Daraufhin wurde er in einer solch verächtlichen Art und Weise gerügt, daß sich der Chirurg entschied, seinen Abschied einzureichen und Rußland zu verlassen.

Hier nun schaltete sich Helena Pavlovna mit all ihrem Gewicht ein, um diesen Verlust für ihr Land zu vermeiden. Pirogov bekannte in einem Brief an die Baronin Rahden, daß die Audienz bei der Großfürstin ihn so beruhigt habe, daß er »die Taktlosigkeit seiner Vorgesetzten wie eine eigensinnige Grobheit von Lakaien nicht weiter beachtete«. Helena Pavlovna übertrug ihm während des Krim-Krieges die Gründung einer Schwesternschaft zur Erstpflege von Kriegsverwundeten, was zunächst zu großer Empörung bei den bisher männlichen Feldscheren führte, die in den Schwestern Konkurrenz witterten.

Die »Kreuzaufrichtende Gemeinschaft der Barmherzigen Schwestern«, deren Mitglieder verschiedenen Konfessionen angehörten, wurde im Oktober 1854 vom Zaren bestätigt und konnte bereits im November die erste Gruppe von ausgebildeten Krankenschwestern nach Sewastopol entsenden. Mit ihrem eigenen Geld rüstete Helena Pavlovna weitere Schwesterngruppen aus, organisierte medizinische Kurse in Pavlovsk und ließ eine Werkstatt und ein Lager in den Räumen des von ihr bewohnten Michails-Palastes einrichten. Bald arbeiteten die Schwestern mit großem Erfolg und unter allseitiger Anerkennung.

»Im Namen des Herrn Jesu unseres Herrn wollen wir in vollkommener Ausübung der Barmherzigkeit und in Selbstaufopferung eifrig den Medizinalbehörden beistehen in der Fürsorge, in der Pflege der Verwundeten und Kranken, und auf gleiche Weise die Patienten stärken in ihren Leiden mit christlichem Trost«, so hieß es in der Satzung der »Kreuzaufrichtenden Gemeinschaft der Barmherzigen Schwestern«, deren Mitglieder meist aus den besten Familien des Landes stammten. Sie blieb auch nach dem Krieg erhalten und diente beim Aufbau des Roten Kreuzes in Rußland ab 1864 als Vorbild. Als Repräsentant des Roten Kreuzes verließ Pirogov, der die letzten zwanzig Jahre seines Lebens zurückgezogen auf seinem Gut in der Südukraine lebte und als Friedensrichter wirkte, 1870 noch einmal seine Heimat im deutsch-französischen Krieg, was er nur einmal zuvor getan hatte, als er den schwer am Bein verwundeten Garibaldi behandelt hatte.

Auch die fachliche Fortbildung der Ärzte lag Maria am Herzen. Das klinische Forschungsinstitut in Petersburg, das Klinische Heleneninstitut, bildete jahrzehntelang das Zentrum für medizinische Forschung und Ausbildung in Rußland. Um den Stellenwert all dessen einzuschätzen, muß man wissen, daß bis zu Beginn des 19. Jahrhunderts, als Maria Feodorovna den Bereich der Wohltätigkeitseinrichtungen und der medizinischen Betreuung unter ihre Obhut nahm, die medizinische Versorgung der russischen Bevölkerung sehr im Argen lag. Krankenhäuser für die Zivilbevölkerung gab es fast keine, und auch die Ärzte waren hauptsächlich Militärärzte. Erst seit den achtziger Jahren des 18. Jahrhunderts gab es überhaupt Zivilhospitäler, so z.B. das von Henri Gervais 1780 errichtete Obuchov-Hospital, ein chirurgisches Krankenhaus, oder das aus einem Arbeitshaus, dem sogenannten Spinnhaus für »liederliche Frauen« hervorgegangene Kalinkin-Polizeihospital, in dem vornehmlich venerische Krankheiten behandelt wurden. Eine medizinische Versorgung gab es auch im kaiserlichen Findelhaus am Katharinenkanal in St. Petersburg seit 1772. Andere zivile Krankenhäuser wurden unter Maria Feodorovna nach der Jahrhundertwende gegründet.

Dringend notwendig war die Einrichtung weiterer Krankenhäuser, um eine Minimalversorgung der Bevölkerung gewährleisten zu können. Es ist zu einem großen Teil dem persönlichen Einsatz Helena Pavlovnas zu verdanken, daß nach dem Tod Maria Feodorovnas weiterhin am Ausbau des Gesundheitswesens festgehalten wurde. Beachtlich, wie viele Kliniken unter ihrem Protektorat in kürzester Zeit gegründet wurden, so z.B. das Maria-Magdalenen-Hospital 1829, die Psychiatrische Anstalt »Aller Leid Tragenden« 1832, das Petersburger Kinderhospital 1834, das Peter-Pauls-Hospital 1835, eine Anstalt für Geistesgestörte, das sogenannte »Korrektionshaus«, im Jahr 1840, ein weiteres Kinderhospital 1844, das Elisabeth-Kinder-Hospital 1847 – 1849 das Olga-Hospital, 1848 das Alexandra-Hospital für Frauen und zwei Jahre später das »Hospital für Ambulante Patienten der Gesellschaft für Armenbesuch«. Die Leitung der meisten dieser Anstalten lag in den Händen deutscher Ärzte.

Eine Württembergerin befreit russische Leibeigene

Daß Helena Pavlovna 1871 in Petersburg eine Volksküche für arme Studenten, Künstler und deren Angehörige in einer Zeit politischer Unterdrückung in Rußland gründete, da zahlreiche Studenten der Bewegung der Narodniki angehörten, die auf Veränderungen der menschenunwürdigen sozialen Verhältnisse in Rußland drängten, von der Regierung als potentielle Unruhestifter verfolgt wurden, daß in dieser Zeit die Großfürstin mit der Gründung einer solchen Einrichtung für Studenten ein Zeichen setzte, das zeugt von ihrem Mut und ringt auch heute noch Respekt ab. Helena Pavlovna litt offensichtlich unter den armseligen Verhältnissen der »Erniedrigten und Beleidigten« in der russischen Gesellschaft, welche weitaus die Mehrheit der Bevölkerung darstellten.

Bei einer Bevölkerung von fünfzig Millionen Menschen gehörte eine halbe Million dem russischen Adel an. In dessen Besitz befanden sich 25 Millionen Leibeigene, zwanzig Millionen Leibeigene gehörten dem Staat, das heißt dem Zaren persönlich oder Staatsgütern, und der reichen Kirche. Die tatsächliche politische und wirtschaftliche Macht lag bei wenigen Großfamilien, ungefähr 1500 an der Zahl. Die übrigen Adligen waren dagegen relativ arm, sie besaßen durchschnittlich nur acht »Seelen«, wie man die Leibeigenen bezeichnete. Leibeigene hatten keinerlei Rechte, sie konnten verkauft oder zum Militärdienst gepreßt werden, der sie bis zu 25 Jahre lang von Heimat und Familie fernhielt, sofern sie das Soldatenleben überstanden. Leibeigene konnten zu jedem Beruf, auch zu jeder Heirat gezwungen werden.

Wie gewissenlos russische Adlige ihre Leibeigenen »handelten«, sogar mit Verstorbenen, mit »toten Seelen«, Geschäfte machten, davon erzählt der Schriftsteller Nikolaj V. Gogol in seinem 1842 erschienenen Roman »Tote Seelen«: Der Kollegienrat Cicikov reist darin durch die russische Provinz und kauft »tote Seelen«, die noch nicht als tot gemeldet sind, um sie betrügerisch bei Kreditinstituten zu verpfänden und so zu Reichtum zu gelangen. Da überläßt ihm der eine Gutsbesitzer die verstorbenen Leibeigenen, die »toten Seelen«, als »vollkommenen Dreck«, der nächste fürchtet nichts mehr, als die toten Seelen unter Preis zu verkaufen, ein anderer lobt seine toten Seelen über alles, um einen hohen Verkaufspreis zu erzielen – die ganze abstoßende Wirklichkeit der zaristischen Gesellschaft spricht aus diesem zeitgenössischen Roman. Wie anders die Einstellung von Helena Pavlovna!

Die Befreiung aus der Leibeigenschaft sah sie als dringliches Problem in Rußland. Vehement setzte sie sich dafür ein, und bereits zwei Jahre vor der offiziellen Aufhebung der Leibeigenschaft 1861 ließ sie die Leibeigenen auf ihren Gütern und ausgedehnten Ländereien im Gouvernement Poltawa frei. Sie schenkte ihnen für einen Neuanfang Land, damit sie sich nicht von Anfang an durch den notwendigen Erwerb von Boden und Saatgut hoffnungslos verschulden mußten. 7 392 männliche und 7 625 weibliche »Seelen« waren davon betroffen.

Der Salon der schönen Helena

Helena Pavlovnas Salon war der Treffpunkt liberal gesinnter Kreise der russischen Gesellschaft. Hier wurden fortschrittliche Ideen aus Politik, Wirtschaft, Philosophie, Theologie, Literatur und Kunst diskutiert. Als Fürst Otto von Bismarck 1859 als preußischer Gesandter nach St. Petersburg kam, fühlte er sich sofort angezogen durch die freie und herzliche Atmosphäre im Salon Helenas, und es entwickelte sich bald eine Freundschaft zwischen beiden. Helena Pavlovna trat erst nach dem Tod ihres Mannes 1849 ins Rampenlicht der Gesellschaft. Es ist bezeichnend, daß sie sich politisch erst nach dem Tod von Zar Nikolaus I., dem reaktionären Alleinherrscher, Feind der Dichter und Denker, betätigte. Im Michails-Palast führte sie einen Salon, der bald anerkannter Mittelpunkt des geistigen Lebens in St. Petersburg wurde. In Gesprächen und Diskussionen mit Gelehrten und Praktikern aus unterschiedlichsten beruflichen Sparten gewann sie Einblick in die soziale Struktur Rußlands. Auch den Freiherrn August von Haxthausen empfing sie in ihrem Salon, dessen »Studien über die inneren Zustände, das Volksleben und insbesondere die ländlichen Einrichtungen Rußlands« eifrig diskutiert wurden.

Offenheit der Welt und den Menschen gegenüber zeichneten ihr ganzes Wesen aus. »Glauben Sie mir«, so bekannte sie einmal der Gräfin Bludow, »ein kleiner Kreis, eine Clique bringt viel Schaden, er verengt den Horizont und begünstigt Vorurteile, wobei Festigkeit des Willens durch Starrsinn ersetzt wird. Das Herz bedarf nur des Umgangs mit Freunden, der Verstand aber fordert neue Anfänge, Widersprüche, Bekanntschaft mit dem, was jenseits der Wände des eigenen Hauses vorgeht.«

Das Michails-Schloß in St. Petersburg, Blick vom Uferkai der Fontanka, 1801. Die ersten Musikklassen der von Helena Pavlovna ins Leben gerufenen russischen Musikgesellschaft wurden hier unterrichtet.

»Musikalischer Ofenheizer« der Großfürstin

Helena war auch für Kunst und Malerei begeistert. So unterstützte sie den Maler Iwanov bei seinem unzählige Studien umfassenden Monumentalwerk »Christus erscheint dem Volke«. Ihre große Liebe galt jedoch der Musik. Die musikalischen Abende in ihrem Petersburger Palais übertrafen alle ähnlichen Veranstaltungen, selbst am Zarenhof. Bei ihr wurden die Künstler nicht »zur Schau gestellt«, sondern es ging ihr um eine ernsthafte Auseinandersetzung mit der Musik, ihrer Interpretation und der künstlerischen Leistung. In Helenas Salon konnten sogar Auseinandersetzungen zwischen herrschenden und neuen musikalischen Bewegungen und Richtungen ausgetragen werden. In einer Zeit, in der der Petersburger Musikbetrieb einseitig auf ausländische Komponisten und Virtuosen ausgerichtet war und sowohl in Moskau als auch in St. Petersburg nur ausländische Musiklehrer unterrichteten, regte Helena Pawlovna die Förderung namentlich russischer Künstler an. Dabei gestand sie ein, daß sie in früheren Jahren keine innere Beziehung zur russischen Musik gehabt habe und noch bei ihren ersten, gescheiterten Plänen, u.a. mit Robert Schumann ein Konservatorium zu gründen, geglaubt habe, nur westeuropäisch geschulte Musiker könnten ein solches leiten. Russen wie Michail Glinka, den renommierten Musikkritiker A. N. Serov oder den Komponisten und Klaviervirtuosen N. A. Balakirev habe sie ganz übersehen.

In der Auseinandersetzung zwischen russischen Komponisten wie Mussorgskij, Glinka, Balakirev u.a. und fremden, vorwiegend aus der deutschen und italienischen Musikszene, mitten in der »Sturm-und Drang-Epoche« der russischen Musikgeschichte, reifte in ihr der Gedanke, eine russische Musikgesellschaft zu gründen. 1859 war es soweit, und der nächste Schritt bedeutete die Gründung musikalischer Lehranstalten. Erste Musikklassen wurden in den Räumen von Helena Pavlovnas Michails-Palast in St. Petersburg unterrichtet. Die besten russischen Musiker wirkten als Lehrer. Chöre und Orchester entstanden, begabte Schüler und Schülerinnen auch bürgerlicher Herkunft wurden aufgenommen, so z.B. ein höherer Justizbeamter, ein Zollbeamter, der Gehilfe eines Untersuchungsrichters aus Tschernigov, ein Kriegsingenieur, ein Advokat, ein Gardeleutnant, der Sohn eines französischen Lehrers und der Sohn eines Hofkapellmeisters.

Oft wurden einzelne Schüler von Helena Pavlovna persönlich gefördert. Dazu gehörten u.a. ein junges Mädchen, aus dem später die berühmte Opernsängerin Leschetizkaja-Friedeberg wurde oder der Chorknabe, der als Operntenor Nikolskij Ruhm erlangte. Benefiz-konzerte zugunsten eines geplanten Konservatoriums wurden gegeben. 1861 konnte das St. Petersburger Konservatorium gegründet werden. Erster Leiter wurde allerdings ausgerechnet Anton Rubinstein, der die Existenz einer russischen Opernschule nach wie vor negierte und damit dem Konservatorium zunächst Feinde schuf. Deshalb gründete Balakirev im selben Jahr aus Protest eine Gratis-Musikschule unter dem Protektorat des Thronfolger-Großfürsten, in der deutsche Musikgeschichte völlig übergangen wurde, um, wie er glaubte, der national-russischen Musik eines Borodin, Rimskij-Korsakov oder Mussorgskij freie Bahn schaffen zu können. Man spürt, bis in diesen Bereich hinein schwelten immer wieder deutsch-russische Animositäten. Helena Pavlovna löste das Problem ganz praktisch, indem sie Balakirev und dessen Anhänger kurzerhand als Mitglieder in die Prüfungskommission des Konservatoriums lud. Aus einem Streit wurde so ein anregender Austausch. Bald war das Konservatorium, um eine »Filiale« in Moskau erweitert, zu einer Musikhochschule mit hohem Ansehen geworden, an der westeuropäische wie russische Musik gepflegt wurde. Bis ins Jahr 1887 wuchs die Zahl der Studenten auf 700.

Sogar Anton Rubinstein hatte sich in der Zwischenzeit von seiner Gönnerin Helena Pavlovna dazu anregen lassen, Opern-Einakter zu komponieren, die verschiedene russische Volksstämme charakterisieren sollten. »Sibirische Jäger«, »Thomka in der Nacht« und andere Werke entstanden. Den einst in großer Armut lebenden Rubinstein hatte Helena Pavlovna persönlich unter ihre Fittiche genommen, ihm zur Aufführung seiner Oper »Dimitrij Donskoj« 1852 verholfen und die Mittel für eine Studienreise 1854 in den Westen gegeben, wo er den Durchbruch für seine Kompositionen erzielte. Rubinstein gehörte zum engsten Freundeskreis um Helena Pavlovna, oft war er in ihrem Haus in Nizza, wo sie einige Wochen im Jahr zur Erholung weilte, die erfüllt waren von heiterem, geselligem Leben und viel Musik. Rubinstein, der sich scherzhaft den »musikalischen Ofenheizer des großfürstlichen Hauses« nannte, bewunderte Helena Pavlovna als eine »äußerst gütige Dame, die ihre Umgebung bezauberte«.

Helena Pavlovna fiel auch noch im Alter durch ihre Schönheit auf. Die Freundin Helene Taube beschrieb sie so: »Bis in ihr Alter blieb sie schön. Das blonde Haar war silberweiß geworden, aber ihr zartes Profil bewahrte die Regelmäßigkeit einer Camée und ihre schimmernd zarte Hautfarbe verlieh ihr noch spät den Zauber der Jugendlichkeit. Die blauen Augen sahen scharf und klug in die Welt. Sie trug immer eine ihr besonders eigene Tracht: Eine mit Spitzen besetzte lange Jacke, deren Schnitt niemals, die Farbe aber stets wechselte. Die losen Ärmel ließen einen Teil der schönen Arme frei und die Hände waren von seltener Vollendung.«

Das Ende

Allmählich wurde Helena Pavlovna müde. In einem Brief an Georg von Brewern, der sie im Sommer 1870 – sie war inzwischen 63 Jahre alt – zu einer Rom-Reise für den kommenden Winter anregen wollte, meinte sie, es sei »schwer, im Alter wieder ganz neue gesellschaftliche Beziehungen anzuknüpfen. Ja, wenn jemand mir beisteht, ist es mir ganz lieb, einen gefüllten Salon zu haben, aber ihn selbst immer auszufüllen, das ermüdet mich zu sehr jetzt; ich habe es schon mein ganzes Leben lang getan.« Ihre körperliche Verfassung war längst nicht mehr die beste. Eine Gesichtsrose hatte im Winter 1871/72 ihre Kräfte bedenklich geschwächt. Besserung erhoffte sie sich von einem Aufenthalt in Florenz im Herbst 1872. Noch einmal sammelte sie einen Kreis interessanter Persönlichkeiten um sich, darunter König Victor Emanuel von Italien. Sie sollte das letzte Mal Gastgeberin und Spiritus rector eines kulturellen Salons sein. Es trat bald eine Leberkrankheit bei ihr ein, und sie wurde von einer großen Schwäche befallen, die eine unbeschreibliche Sehnsucht nach Rußland zur Folge hatte, das der Württembergerin so sehr zur Heimat geworden war. Im Dezember 1872 trat sie in fieberhafter Hast die Heimreise nach Petersburg an.

Es war, als ob sie in die russische Heimat geeilt sei, um dort zu sterben. Am 8. Februar 1873 wurde sie von einer Herzschwäche befallen. Sie sammelte ihre nächsten Verwandten um sich und verabschiedete sich von ihnen, einen Tag später starb sie. Weit über St. Petersburg hinaus rief die Todesnachricht bei ihren Freunden tiefste Erschütterung hervor. Ihr Schwiegersohn Herzog Georg von Mecklenburg-Strelitz schrieb an seinen Freund, den Kardinal Gustav von Hohenlohe: »Die Lücke, die sie zurückläßt, ist enorm und wird noch lange fühlbar bleiben, denn sie war mehr als nur eine ausgezeichnete Persönlichkeit. Sie war ein Lebenselement in Petersburg und für manche Kreise Rußlands. Es ist mit dieser herrlichen, seltenen Frau, une trés Grande Dame, une véritable Grande Duchesse du Russie ins Grab gegangen, mit allen Traditionen zweier großer verstorbener Kaiser und ihrer historischen Regierungen! Daneben eine mit allen Schätzen des Geistes und Herzens ausgestattete Natur originellster Art, mit einem unerschöpflichen Born von Generosität.«

Als »ein Licht, das meinen Lebensweg oft erhellt und belebt hat«, bezeichnete Graf Keyserling seine langjährige Gönnerin Helena Pavlovna. Ihrer Freundin Baronin von Rahden sei das Schlußwort über die Württembergerin in Rußland gegeben: »Wollte man dieses Leben in einem Wort zusammenfassen, so wäre es in diesem: Sie liebte das Licht!«

Russische Zarentöchter als württembergische Königinnen: Königin Katharina Pavlovna

> »Sie war eine vollendete Schönheit mit dunkelkastanienbraunem Haar und ungemein gütigen, braunen Augen. Wo sie eintrat, trat auch Licht und Fröhlichkeit ein.«

Dieses Zitat eines Zeitgenossen gibt den Eindruck nahezu all derer wieder, die Katharina kannten und mit ihr zusammentrafen. Katharina Pavlovna gilt zu Recht als bekannteste und beliebteste unter den württembergischen Königinnen. Sie ist bis heute durch zahlreiche Institutionen und Wohlfahrtseinrichtungen präsent, die sie ins Leben gerufen hat und die noch immer wichtige Funktionen im sozialen, kulturellen und wirtschaftlichen Bereich erfüllen, ja aus dem öffentlichen Leben Stuttgarts wie Baden-Württembergs nicht wegzudenken sind: das Katharinen-Hospital, die Universität Hohenheim, die Landesgirokasse, das Königin-Katharina-Stift. Ihr Name steht in enger Verbindung mit einer Reihe von Grundsätzen und Denkanstößen für eine moderne Sozialpolitik.

Katharina Pavlovna wurde am 21. Mai 1788 als Tochter des Großfürsten und späteren Zaren Paul und der aus Württemberg stammenden Maria Feodorovna in Zarskoe Selo, der Sommerresidenz der russischen Zaren, geboren. Ihre Großmutter Katharina, nach der sie benannt wurde, war bei der Geburt anwesend. Das Leben der Mutter

Jugendbildnis der Königin Katharina von Württemberg. Johann Friedrich August Tischbein (1750–1812) malte das Portrait vermutlich während seines zweijährigen Aufenthalts in St. Petersburg in den Jahren 1806–1808. Das Portrait befindet sich heute im Ludwigsburger Schloß.

habe »einzig wegen der Schmeichelei und Feigheit der sie umgebenden Ärzte« in keiner geringen Gefahr geschwebt, so schrieb diese damals ihrem Geliebten, dem Fürsten Potemkin. Katharina die Große übte nicht nur durch diese Namensgebung Einfluß auf das Kind aus, sondern mehr noch durch die Erziehung Katharinas und ihrer Geschwister, die sie in absolutistischer Manier den Eltern aus der Hand nahm und selbst bestimmte, sehr zum Leidwesen der jungen Mutter Maria Feodorovna. Die Oberhofmeisterin von Lieven führte bei der Erziehung die Oberaufsicht. Als Lehrer wurden ausgezeichnete Fachkräfte bestellt, unter anderem auch der Astronom Krafft, der württembergischer Herkunft war.

Von ihren fünf Schwestern und vier Brüdern (zwei von ihnen, Alexander und Nikolaus, sollten einmal den Zarenthron besteigen) stand Katharina zweifellos Alexander am nächsten. An allem, was in ihrer Umgebung vor sich ging, war sie außerordentlich interessiert, insbesondere an der Politik. Sie galt als sehr intelligent und fiel bereits als junges Mädchen durch ungewöhnliche Ansichten auf, ja sie schokkierte durch ihre Direktheit.

Flucht vor Napoleon in eine unverhoffte Liebesheirat

Katharinas scharfer Verstand und ihr politisches Engagement machten sie zu einer wichtigen Ratgeberin ihres Bruders Alexander, nachdem dieser sein Land als Zar regierte. Er war es auch, der seine Lieblingsschwester vor einer Vernunftehe bewahrte, als Talleyrand auf dem Erfurter Kongreß 1808 ihre Verheiratung mit Napoleon anregte. Für den Emporkömmling Napoleon hätte die Hand der russischen Zarentochter zweifellos einen großen Prestige- und Machtgewinn bedeutet. Doch Katharina lehnte entrüstet ab. Lieber würde sie den letzten russischen Ofenheizer heiraten, soll sie gesagt haben.

Um eine Brüskierung Napoleons zu vermeiden, mußte schleunigst ein Verlobter gefunden werden. Glücklicherweise weilte zu jener Zeit der junge Prinz Georg von Holstein-Oldenburg mit seinem Vater, einem Schwager Maria Feodorovnas, zu Besuch bei der Zarenfamilie in St. Petersburg. Georg hielt um die Hand seiner Cousine an, und aus einer Verlegenheitslösung wurde Ende April 1809 eine Liebesheirat.

Prinz Georg war ein hochgebildeter, kluger und feinsinniger Mann, ein hervorragender Kenner der deutschen Literatur und glühender Verehrer Schillers. Kein Wunder, daß der große russische Dichter und Historiker Nikolaj Karamzin die Gesellschaft des jungen Paares suchte, ihnen oft aus seiner »Geschichte Rußlands« vorlas, welche das Geschichtsbild und Selbstverständnis Rußlands bis tief ins 19. Jahrhundert stark prägte und große Dichter und Denker wie Puschkin und Dostoevskij beeinflußte. Bis zum Lebensende Katharinas stand Karamzin mit der von ihm hochverehrten Frau in Briefwechsel: eine Korrespondenz, die Katharina in französischer Sprache führte.

Auch der preußische Freiherr von Stein achtete und schätzte Katharina. Er lobte den »außerordentlich gebildeten Geist« dieser »ausgezeichneten Frau«. Es ist bezeichnend, mit welchen Leuten sich Katharina und Prinz Georg in ihrem Petersburger Palais Anitschkov umgaben, wo nicht prunkvoll gefestet und gefeiert wurde, was die stattliche Mitgift der Zarentochter in Höhe von zwei Millionen Rubel durchaus erlaubt hätte. Nein, hier führten Gelehrte, Wissenschaftler, Dichter und Künstler lebhafte Diskussionen um Kunst, Wissenschaft und Lehre. Der Name Katharina war ein Magnet für die Gebildeten der Zeit. Diese genoß solche Gespräche sichtlich. Selbst malte sie viel und gut, sie hatte sogar eine Ausbildung bei dem Maler Jegorov erhalten, den man auch als den »russischen Raphael« bezeichnete.

Als Prinz Georg zum Generalgouverneur von Tver, Novgorod und Jaroslavl ernannt wurde, wählte er Tver zur Residenz. Dorthin pflegte Zar Alexander besonders gern zu kommen, nicht nur, um sich mit Schwester und Schwager in politischen Angelegenheiten zu beraten, sondern auch, weil Katharina mit seiner Geliebten Maria Naryschkina befreundet war und dieses Verhältnis billigte. Prinz Georg führte in seinem Gouvernement eine musterhafte Verwaltung ein. Katharina nahm regen Anteil an den politischen Geschäften ihres Mannes und war ihm eine ebenbürtige Partnerin. Hatte sie an der Seite ihrer Mutter die sozialen und gesellschaftlichen Pflichten einer Landesherrin bei zahlreichen Besuchen und Inspektionen von Armen-, Alten- und Krankenanstalten sowie Bildungsinstituten kennengelernt, so ermunterte sie ihr Mann in diesem Sinne weiter zu sozialem Engagement. Prinz Georg gab ihr, die so viele Jahre an einem unruhigen, intriganten Zarenhof verbracht hatte, hin- und hergerissen zwischen den von der Großmutter bestimmten Erziehern, einer liebenswerten Mutter und einem despotischen Vater, Geborgenheit, Halt und Ruhe.

Katharina verwaltete ihren Hofstaat selbst, und das mit Erfolg. Hundert Leute und achtzig Pferde, die ihr in der Residenz von Tver zustanden, hielt sie für zu teuer. Kurzerhand speckte sie die Hofhaltung ab. Eine Maßnahme, die so manche reiche Gutsbesitzer ihres Gouvernements vor den Kopf stieß, die wie etwa die Gräfin Branitzkij erklärtermaßen dreihundert Leute und fast ebenso viele Pferde für ihren »Hofstaat« benötigten.

Krieg und Leid

Drei Jahre lebten Katharina und Georg in der Residenz in Twer, und es war dies wohl die glücklichste Zeit ihres Lebens. Zwei Kinder wurden dem Paar geboren: 1810 kam in Pavlovsk der Sohn Alexander zur Welt und 1812 Sohn Peter in Jaroslavl.

Das Unglück kam in Form des Napoleonischen Krieges gegen Rußland im Jahr 1812. Katharina stellte ein eigenes Jägerbataillon gegen Napoleon. Es schmerzte sie, die gerade erst mit ihrem zweiten Söhnchen neues Leben gefühlt und geboren hatte, daß von »ihren« tausend Leuten nur 417 wieder aus den Schlachten zurückkehrten. Ihr eigener Mann Prinz Georg kämpfte als Offizier in der russischen Armee und richtete bei seiner Rückkehr nach Twer Hospitäler und Lazarette für die Kriegsverwundeten ein. Daß er seine Soldaten persönlich in den Lazaretten besuchte, war ihm selbstverständlich. Bei einem seiner Besuche infizierte er sich an Flecktyphus und starb daran Ende 1812. Ein furchtbarer Schlag für seine junge Frau und die beiden nun vaterlosen Kinder. Katharina ist zwei Jahre lang gelähmt vor Schmerz, bricht körperlich zusammen. Familie und Freunde sorgen sich ernsthaft um ihr Leben.

Europa- und Bildungsreise der jungen Witwe

Erst eine Reise durch Europa weckt sie allmählich aus ihrer Lethargie. Die zunächst als Kur gedachte Reise gerät Katharina, die gesteht, sie glaube nicht an die Wirkung von Badekuren, unversehens zur Bildungsreise.

Wachen Auges reist sie in jenen unruhigen Jahren der Freiheitskriege durch Europa, immer wieder von ihrem Bruder Alexander, dem Zaren, für die eine oder andere heikle politische Mission im Einsatz. In der Auseinandersetzung mit fremden Ländern, fremden Menschen wird sie wieder neugierig, erwachen ihr früherer Mut und Unternehmungsgeist.

In Prag freut sich die Russin über »die Sorge und Fürsorge für alles«, über den »Erhaltungsgeist, der bei uns so unbekannt ist«. Auf ihrer Holland-Reise gewinnt sie, in die Fußstapfen Peters des Großen tretend, Anregungen für ihr eigenes Land und schlägt vor, junge Russen aus den sumpfigen Gebieten um Novgorod mit Stipendien nach Holland zu schicken, um dort den Bau von Dämmen, Schleusen und Mühlen zu studieren, andere sollen das Schreiner- und Zimmermannshandwerk erlernen.

1814 hielt sie sich in England auf. Daß sie sich dort weniger um die Bälle und Teekränzchen der Hofgesellschaft kümmerte, sondern in Oxford begierig – übrigens in fließendem Englisch, das sie von ihrer Kinderfrau gelernt hatte – mit Gelehrten diskutierte, hat ihr am englischen Hof nicht unbedingt Sympathien verschafft. Wenn eine Frau damals klug und kompetent argumentierte, noch dazu über Themen, die für eine Frau ungewöhnlich waren, kam sie leicht in den Ruf, geltungssüchtig und unbescheiden zu sein.

Immerhin bescheinigte man Katharina in England, daß sie mit »verführerischer Sicherheit« auftrete, in einer »mit Grazie gepaarten Haltung«. Ihr strahlender Teint, leuchtende Augen und »das schönste Haar der Welt« wurden neidvoll vermerkt. Davon war auch der württembergische Kronprinz Wilhelm entzückt, der zur selben Zeit in London weilte, wo er sich als verdienter Armeekorps-Führer im Krieg gegen Napoleon und Verwandter des englischen Königshauses großer Popularität erfreute. Katharina erfuhr in England vom Einzug der Verbündeten in Paris, und diese politisch erfreuliche Nachricht nahm sie zum Anlaß, ihre Trauerkleidung abzulegen. Auch die seelischen Wunden schienen allmählich verheilt; sie war innerlich bereit für eine neue Liebe.

Hoffnung auf neues Glück

Wilhelm kannte Katharinas Heimat sehr wohl, denn er hatte als Kind einige Jahre in St. Petersburg gelebt, als sein Vater Friedrich, Maria Feodorovnas Bruder, in russischen Diensten stand. Auch Katharina hatte Stuttgart auf ihren Reisen kennengelernt und dort – bezeichnend für sie – die königliche Bibliothek und Danneckers Atelier besucht. Nachdem sie beim »tanzenden« Wiener Kongreß an der Seite ihrer Schwester Maria im Glanz prächtiger Feste Furore gemacht und den Diplomaten aller Herren Länder Gesprächsstoff geliefert hatte – Fürst von Ligne bemerkte, Maria fessele die Herzen, Katharina jedoch nehme sie im Sturm –, reiste sie 1815 über Ungarn und andere Stationen, darunter auch wieder Stuttgart, zum Fürstentreffen nach Frankfurt, wo sie Kronprinz Wilhelm das ersehnte Ja-Wort gab.

Nachdem die Scheidung Wilhelms von seiner schon lange von ihm getrennt lebenden ersten Frau, der bayerischen Prinzessin Charlotte, durch ein päpstliches Breve besiegelt war, wurden Katharina und Wilhelm am 24. Januar 1816 mit großer Prachtentfaltung in St. Petersburg getraut, und schon im April feierte Stuttgart den Einzug des jungen Paares. Im Schloß wurde die kostbare Aussteuer der russischen Zarentochter für die staunende Bevölkerung ausgestellt. Bei aller Macht des Pietismus in Württemberg: Die russische Großfürstin mußte als württembergische Kronprinzessin nicht zum protestantischen Glauben übertreten, wie ihre württembergische Mutter Sophie einst den orthodoxen Glauben und sogar einen neuen Namen anzunehmen hatte!

Vom Zarenhof ins kleine Württemberg

König Friedrich war von seiner neuen Schwiegertochter sehr angetan. Er schenkte ihr das vor den Toren Cannstatts gelegene Landschlößchen Bellevue, und Katharina schmiedete, begeistert von dem schönen Ort, sogleich mit dem italienischen Architekten Salucci Pläne für das heutige Schloß Rosenstein.

Das junge Paar wohnte zunächst im Prinzenbau, wo Katharina (in gewohnt resoluter Manier) die selbst im sparsamen Württemberg beträchtlichen Ausgaben für den Hofstaat beschränkte, was ihr Tadel und Gerede seitens der Hofgesellschaft einbrachte. Aus Rußland hatte sie nur eine Kammerfrau und einen Kammerdiener mitgebracht, für ihre beiden Söhne eine russische Kinderfrau und einen Lehrer sowie einen Bibliothekar, um den Kindern die russische Kultur zu bewahren. Für ihre russisch-orthodoxe Kapelle aus Twer wurde im Schloß ein Raum hergerichtet. Teile der Ausstattung befinden sich noch heute in der Grabkapelle auf dem Württemberg. Zu Katharinas geistlicher Betreuung waren ein orthodoxer Geistlicher und ein sogenannter Vorsänger mitgereist.

Königliches Landhaus Rosenstein mit Neckarbrücke und Tunnelmündung.

Katharina arbeitete sich schnell in die württembergischen Verhältnisse ein, was nicht weiter verwundert, wenn man ihren routinierten
Umgang mit politischen Angelegenheiten als russische Großfürstin
kennt. Alle ihre Kräfte sollten schneller, als ihr vielleicht lieb war, gefordert sein: Am 30. Oktober 1816 starb König Friedrich. Am selben Tag
schenkte Katharina einem Töchterchen das Leben. Das Mädchen wurde nach der Großmutter auf den Namen Maria getauft.

Hunger und Elend

Mutter und Königin war Katharina zugleich geworden, und ihre neue
Aufgabe begriff sie als die einer echten Landesmutter. Die Probleme,
welche sie zusammen mit ihrem Mann nach der Thronbesteigung 1816
in Württemberg zu lösen hatte, waren enorm. Es waren jene furchtbaren Hunger- und Notjahre, die so viele Württemberger zur Auswanderung nach Rußland, der Heimat ihrer neuen Königin, zwangen. Im
Land herrschten Armut, Hungersnot und Teuerung, zum einen infolge
der Koalitionskriege, in denen Württemberg nicht nur Heeresfolge zu
leisten hatte, sondern als Durchzugsland geplündert und verwüstet
wurde. Zum anderen infolge einer seit 1797 herrschenden Rinderpest
und jahrelanger katastrophaler Mißernten.

Wie es im Land damals aussah, davon zeugt dieser zeitgenössische
Bericht: »Die halbe Bevölkerung schlich bettelnd umher, die hohläugige, zerlumpte, sieche Armee des Hungers; die Kinder verließen die
Eltern und schrien nach Brod vor fremden Thüren, aus welchen sie der
gleiche Jammer angrinste. Viele trieb die Noth zum Wahnsinn, viele
zum Verbrechen, wovon sie den Begriff verloren hatten.«

Hier fühlte sich Katharina persönlich gefordert, und sie handelte
schnell und entschlossen. Die Problematik wirksamer Hilfe und Fürsorge für die Armen und Notleidenden war ihr aus ihrer Jugend in
Rußland an der Seite ihrer tätigen Mutter wohlvertraut. Mit gutem
Gespür für die Auswahl geeigneter Mitarbeiter, ausgestattet mit der
seltenen Fähigkeit, genau zuhören zu können und andere für ihre Vor-
haben zu begeistern, griffen ihre ersten Maßnahmen erstaunlich
schnell. Die spontane Hilfe ihres Bruders Alexander bestand nicht nur
in der bereitwilligen Aufnahme württembergischer Bauern, sondern
auch in der Lieferung von Getreide und anderen Hilfsgütern nach
Württemberg zur Linderung der ersten Not.

Wohltätigkeitsverein und Sparkasse

Katharina gründete noch im Wochenbett 1816 eine außerordentlich wirksame Hilfsorganisation, die Lebensmittel, Kleidung und Heizmaterial sowie die nötigste medizinische Versorgung gewährleisten sollte: den Wohltätigkeitsverein. Die fähigsten Leute im Land wußte sie dafür zu mobilisieren. Prominente Ratgeber wie der Verleger Cotta, der Bankier Rapp und Geheimrat August von Hartmann, die engsten Berater des Königspaares, hatten der Königin von einem ausschließlich aus Frauen bestehenden Hilfsverein abgeraten. Die Mitgliedschaft sollte jedermann offenstehen. Eine straff organisierte, das ganze Land umfassende Hilfsorganisation mit einer Zentralleitung und lokalen, auf die zwölf Landvogteien unter den Oberämtern zusammengefaßten Unterorganisationen entstand. Bisher hatte es nur Ansätze privater Armenfürsorge gegeben. Nun wurde etwas Dauerhaftes geschaffen, ein im damaligen Deutschland vorbildliches Hilfswerk, das bis zum heutigen Tag Wirkung zeigt. Spenden, ein Staatsbeitrag und Zuwendungen aus der Privatschatulle der Königin schufen den notwendigen finanziellen Grundstock.

Auf Wunsch ihrer Berater Cotta, Lotter und Pistorius ließ sich die Königin selbst an die Spitze der wöchentlich dienstags tagenden Zentralleitung des Wohltätigkeitsvereins stellen, damit dieser »bei Staatsbeamten, Oberämtern und Ministerien mehr Achtung und Unterstützung« erfahre. Keineswegs verhielten sich die Mitglieder der Zentralleitung der Königin gegenüber ergeben-unterwürfig, sondern durchaus kritisch-reserviert. Daß Katharina wenn nötig auch Kritik akzeptierte, spricht für sie.

Unermüdlich reiste sie nun von Speiseanstalten und Suppenküchen zu möglichen Spendern im vermögenden Bürgertum und Adel, die durch Katharinas persönlichen Einsatz sanft, aber energisch zum Spenden angehalten wurden, es letztlich als Prestigegewinn und Ehre empfinden durften, als Mitglied im Wohltätigkeitsverein für würdig befunden zu sein. Katharina gründete im ganzen Land Beschäftigungsanstalten, Armenschulen, Industrieschulen und Kinderbetreuungsanstalten. »Arbeit verschaffen hilft mehr als Almosen geben«, so lautete ihr Grundsatz, und während sie hier das Postulat »Hilfe zur Selbsthilfe« aufstellte, formulierte sie das »Recht auf Arbeit« mit folgender Zielangabe des Wohltätigkeitsvereins: »Alle Armen, die Kraft zur Arbeit haben, müssen Gelegenheit und Auftrieb zur Arbeit haben. Alle

»Suppenaustheilung«. Lithographie von J. A. Gradmann, 1817.

»Kornhaus«. Lithographie von J. A. Gradmann, 1817.

Arbeitsunfähigen aber sollen nach ihren Umständen und Bedürfnissen versorgt werden.« An den Sitzungen der Zentralleitung des Wohltätigkeitsvereins nahm die Königin stets teil, und das jeweilige Protokoll unterschrieb sie nach genauer Prüfung mit »gelesen und genehmigt« und ihrem charakteristischen C.

Es genügte Katharina nicht, die vorhandene Armut zu lindern, sie wollte auch künftiger vorbeugen. In diesem Interesse kam es am 12. Mai 1818 in Stuttgart zur Gründung einer ersten Sparkasse, zunächst gedacht »für Dienstboten und Angehörige der unbemittelten, arbeitenden Klassen«, die sich jedoch sehr schnell unter ihrem ersten Vorsteher Heinrich von Rapp zu einer allen offenstehenden württembergischen Sparkasse entwickelte und bis heute in Form der Landesgirokasse weiterbesteht. Katharina hatte sich hierfür nicht nur bei ihrem Schwiegervater Herzog Friedrich Ludwig von Oldenburg, dem Gründer der ersten Landessparkasse, bereits 1786 Anregungen geholt, sondern sich auf ihrer Europareise 1814 auch in Göttingen über die dortige erste kommunale Sparkasse Deutschlands, die 1801 gegründete »Spar- und Leihkasse«, informiert. Daß ein solches Institut bei den Württembergern gut ankommen würde, damit sollte sie Recht behalten. »Spare in der Zeit, dann hast Du in der Not!«, diese Devise Katharinas wurde im Lande sehr wohl verstanden.

Das Cannstatter Volksfest und die Landwirtschaftliche Hochschule in Hohenheim

Als nach Jahren des Hungers und der Mißernten 1818 erstmals wieder eine gute Ernte eingebracht werden konnte, war dies Grund genug zum Feiern. Katharina und Wilhelm jedoch ließen nicht bloß ein Erntedankfest feiern, sondern wollten die Landwirtschaft weitergehend fördern. Sie veranstalteten eine landwirtschaftliche Musterausstellung, die den neuesten Stand der Anbaumethoden in Weinbau und Obstkultur wie der Viehzucht zeigte. Wettbewerbe für Viehzüchter und Getreideanbauer sollten die Bauern zu besseren Leistungen anspornen. Noch heute wird alljährlich Ende September das traditionsreiche Cannstatter Volksfest auf dem Wasen am Neckar unter lebhafter Anteilnahme der Bevölkerung gefeiert. Alle drei Jahre findet parallel dazu das landwirtschaftliche Hauptfest statt.

Ländliche Gebräuche in Würtemberg.

Das Volksfest in Cannstadt.

Stuttgart im Verlag der G. Ebner'schen Kunsthandlung.

Das Cannstatter Volksfest. Oben eine Fotografie aus dem Jahr 1867, unten eine Darstellung aus dem Jahr 1824, gezeichnet von J. B. Pflug.

106

Das Volksfest war eng verbunden mit den Zielen der Landwirtschaftlichen Akademie in Hohenheim, dem Vorläufer der heutigen Universität Hohenheim, deren international hochgeschätzte landwirtschaftliche Fakultät nach wie vor einen guten Ruf genießt. Daß bei ihrer Gründung 1818 die Domäne Hohenheim und nicht Denkendorf gewählt wurde, geht auf eine Anregung Katharinas zurück. Und die Idee, in Hohenheim zehn Stipendiaten und darüber hinaus Waisenkinder aufzunehmen, hat Katharina zweifellos von ihrer Mutter übernommen, die auf ihrem russischen Gut Pavlovsk ebenfalls für die Ausbildung von Armen- und Waisenkindern gesorgt hatte. Aus der Hohenheimer Waisenanstalt entwickelte sich später die angesehene Ackerbauschule Hohenheim.

Der erste Direktor der Landwirtschaftlichen Akademie namens Schwerz mußte sehr bald russische Studenten aufnehmen, Gutsbesitzerssöhne und angehende russische Gutsverwalter, die wie einst ihre Landsleute auf die Hohe Carlsschule wieder zum Studium nach Württemberg pilgerten. Inwieweit die russischen Schüler des landwirtschaftlichen Instituts die in Hohenheim gelernten Anbaumethoden zu Hause übertrugen, wie oft der berühmte Schwerzsche Pflug von Hohenheim russischen oder ukrainischen Boden pflügte oder gar wieviele junge Württembergerinnen das Herz der russischen Studenten erobert haben mögen und als Ehefrauen nach Rußland zogen, müßte noch entdeckt und erforscht werden.

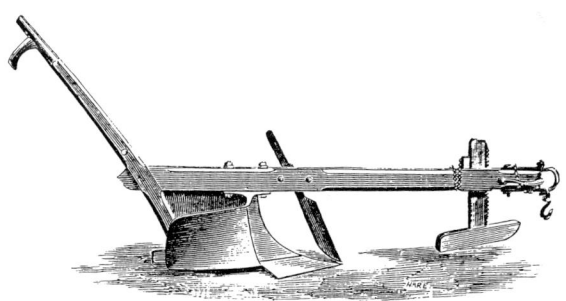

Hohenheimer Pflug, auch Schwerzscher Pflug genannt, um 1825 in Hohenheim nach dem Vorbild des Flandrischen Pflugs hergestellt.

Tatsache ist, daß bis kurz vor Ausbruch des Ersten Weltkrieges zwanzig russische Studenten in Hohenheim immatrikuliert waren, darunter Söhne berühmter Adelsfamilien. Einer jener Studenten, Nikolaj Shelesnov, der 1842 ein Jahr lang in Hohenheim studiert hatte, wurde gar Gründungsdirektor der Peter-Akademie für Landwirtschaft in Moskau, die unter dem Namen Timirjasew-Akademie noch immer existiert und heute wieder in engem Kontakt zur Universität Hohenheim steht. Vorbild bei der Gründung jener Peter-Akademie Ende der 1850er Jahre war – wie sollte es anders sein – die landwirtschaftliche Akademie Hohenheim. Der Agrarexperte H.W. von Pabst, von 1845 bis 1850 Direktor in Hohenheim, war bis zu seinem Lebensende 1866 in der russischen Kaiserlichen Landwirtschaftlichen Gesellschaft tätig.

Das Katharinenstift in Stuttgart

Daß Bildung für ein Volk die beste Kapitalanlage ist, insbesondere wenn es über keinerlei Bodenschätze oder andere natürliche Ressourcen verfügt, hat auch Königin Katharina gesehen. Da sie zudem ihre Geschlechtsgenossinnen an der Verantwortung für Land und Gesellschaft stärker beteiligt sehen wollte, lag die Gründung eines Gymnasiums für Mädchen nahe. 1818 kam es so zur Gründung des Katharinenstifts als erstem höherem Erziehungs- und Bildungsinstitut für Mädchen. Vorbild und Muster waren die von Katharinas Mutter und Großmutter in St. Petersburg ins Leben gerufenen Mädchenpensionate. Doch Katharinas Mädchenstift sollte für alle begabten Mädchen offen sein, nicht nur für adlige Fräuleins! Die Schülerinnen sollten sich auch körperlich ertüchtigen können. Als Katharina an der Schule Turnunterricht einführen ließ, wurde dies in weiten Kreisen der biederen Bevölkerung als skandalös empfunden. Die Schülerinnen jedoch jubelten ihrer Königin insgeheim zu.

Beruf Königin

Im Juni 1818 kam Katharinas Mutter Maria, die Zarinwitwe, zu Besuch nach Stuttgart. »Es macht mich glücklich, überall, wohin ich komme, wahrzunehmen, daß die Königin ihren Beruf zu erfüllen sucht«, schrieb sie in ihr Tagebuch. Daß beide Frauen ihre Aufgabe als Königin bzw. Zarin als Beruf auffaßten, ist bemerkenswert. Bei Katharina kann man von Berufung sprechen, wenn man ihre Auffassung vom Beruf Königin anspricht. Unermüdlich arbeitete und wirkte diese Frau. Es ist fast nicht zu glauben, daß sie in diesen knapp drei Jahren quasi nebenbei noch zwei Schwangerschaften austrug: Im Juni 1818 kam ihre zweite Tochter Sophie zur Welt.

Auch ihre Liebe zur Kunst und insbesondere zur Malerei fand sichtbaren Niederschlag im Land: Sie sorgte dafür, daß die berühmte Sammlung mittelalterlicher Gemälde der Brüder Boisserée in der Stuttgarter Königsstraße ausgestellt werden konnte. Wäre sie nicht so früh gestorben, hätte sie die Gemälde in wirtschaftlich besseren Zeiten sicherlich aufgekauft, und sie wären nicht nach München gekommen, wo sie bis heute den Grundstock zur Alten Pinakothek abgeben. Es ist fast, als ob Katharina geahnt hätte, daß ihr nicht viel Zeit für ihr Lebenswerk bleiben würde. »Ich muß geizen mit der Zeit. Das Ende kann frühe herbeikommen«, hat sie einmal gesagt und daraus ihren Grundsatz abgeleitet: »Nichts Gutes, auch nicht das Geringste, zu versäumen oder zu verschieben.«

Die Liebe höret nimmer auf?

Noch heute wird von der großen Liebe König Wilhelms I. zu Katharina gesprochen. Außenstehenden schien die Ehe glücklich. Und sie war es ganz gewiß auf der geistigen Ebene. Katharina war dem König zweifellos eine kongeniale Partnerin, in ihren Anschauungen und ihrem gemeinsamen Arbeiten für das Land hätten sie sich nicht besser ergänzen, nicht besser zusammenpassen können. Das ist eine Seite ihrer Ehe. Doch ein Eheleben ist mehr, und die Beziehung war komplizierter.

Diplomatische Berichte sprechen von »Kränkungen«, die Katharina dazu bewogen hätten, sich von ihrem Mann zurückzuziehen. Vielleicht hat Wilhelm einfach keiner seiner Frauen treu sein können. Die Frau, die mit ihm in Paris lebte, hatte er mit den Zwillingen, die sie ihm geboren hatte, sitzenlassen, um 1807 eine politische Vernunftehe mit Charlotte Auguste von Bayern einzugehen, die sehr unglücklich werden sollte und gelöst wurde, als Wilhelm Katharina zur Frau nahm. Auch die Verbindung mit seiner dritten Frau, der um zwanzig Jahre jüngeren Cousine Pauline, war nicht dauerhaft glücklich. Nach außen

Links: das Arbeitszimmer der Zarin in Pavlovsk.
Oben: die Kuppel der Grabkapelle von Königin Katharina auf
dem Württemberg. Auffällig ist die Ähnlichkeit der Orna-
mente.

hin wurde sie freilich aufrechterhalten, auch als ganz Stuttgart wußte, daß der König ein Verhältnis mit der Hofschauspielerin Amalie Stubenrauch hatte, das sich als sehr stabile Beziehung erwies.

Der österreichische Erzherzog Johann, der Katharina Pavlovna selbst gerne für sich gewonnen hätte, prophezeite anläßlich ihrer Eheschließung mit Wilhelm 1816 in seinem Tagebuch eine unglückliche Ehe. Er wußte wohl, daß Wilhelm sogar zur Zeit seiner Brautwerbung um Katharina ein heftiges Verhältnis mit einer anderen Katharina, der leichtlebigen Fürstin Bagration, unterhielt.

Katharina muß in jenen Neujahrstagen des Jahres 1819 argwöhnisch geworden sein. Und um ihre Vermutung zu erhärten oder, wie sie vielleicht insgeheim gehofft haben mag, den Verdacht zu zerstreuen, eilte sie heimlich dem nach Scharnhausen entwichenen Ehemann nach, um ihn dort in flagranti mit einer anderen Frau zu ertappen. Bei dieser vom Hof im nachhinein als Spaziergang bezeichneten Fahrt zog sie sich eine Erkältung zu, es entwickelte sich daraus eine gefährliche Gesichtsrose. Zweifellos haben Wut und Resignation angesichts der Enttäuschung dazu beigetragen, daß sie, durch unermüdliche Arbeit und zwei Schwangerschaften ohnehin geschwächt und allem Anschein nach wieder schwanger, der Krankheit nicht genügend Widerstand entgegensetzen konnte. Innerhalb von wenigen Tagen starb sie am 9. Januar 1819.

Die Betroffenheit und Trauer des Königs waren groß. Er manifestierte seinen Schmerz auf spektakuläre Weise: An dem Ort, der ihr nach ihren eigenen Worten besonders liebgeworden war und wo sie geäußert haben soll, hier wolle sie einmal begraben werden, auf dem Württemberg, wo sie den Blick auf ihr Schlößchen Bellevue respektive Rosenstein so gut genießen konnte, ließ Wilhelm die alte Stammburg der Württemberger schleifen. An deren Stelle wurde nach Plänen Saluccis eine russisch-orthodoxe Grabkapelle errichtet, in der Katharina, nachdem sie zunächst in der Stuttgarter Stiftskirche beigesetzt worden war, ihre letzte Ruhestätte fand. Heute liegt sie dort an der Seite ihres Ehemannes Wilhelm und der Tochter Marie.

Bis zum Bau der Russischen Kirche in Stuttgart diente die Grabkapelle den russisch-orthodoxen Gläubigen von Stuttgart, vor allem der großen russischen Gesandtschaft am württembergischen Hof, als Gemeindekirche. Im Jahr 1841 ließ sich dort der große russische Dichter der Romantik, Shukovskij, mit einer deutschen Professorentochter aus Düsseldorf nach orthodoxem Ritus trauen. Heutzutage findet dort nur noch am Pfingstmontag ein russischer Festgottesdienst statt. Vor dem Hintergrund der Umstände, welche zum Tod Katharinas geführt haben, muten die Worte, die der König über den Eingang zur Grabkapelle schreiben ließ, fast beschwörend an. Dort heißt es: »Die Liebe höret nimmer auf!«

Vermächtnis Katharinenhospital

Die Grundsteinlegung zu dem von ihr angeregten Katharinenhospital hat sie nicht mehr erlebt. Daß dieses Haus überhaupt gegründet wurde, ist ganz wesentlich Katharina zu verdanken, dieser »treuesten Landesmutter und erhabensten Wohltäterin der Armen und Kranken«, wie sie noch 1928 in einer Festschrift des Katharinenhospitals gerühmt wurde. Selbstverständlich ist der Bau eines neuen Hospitals damals nicht gewesen. Notwendig allerdings. Was die Gesundheitsfürsorge für breitere Bevölkerungsschichten anbelangte, herrschten in Stuttgart desolate Verhältnisse. Es gab zwar Siechenhäuser und ein Seelhaus, auch das Krankenhaus im ehemaligen Dominikanerkloster der oberen Vorstadt bei der Lieb-Frauenkirche, wo heute noch Hospitalkirche und Hospitalhof daran erinnern. Dies war aber völlig unzureichend. Ein auswärtiger Sachverständiger bescheinigte 1817 die Notwendigkeit eines Krankenhausneubaus, gab aber zugleich zu bedenken, »daß die zunehmende Einwohnerzahl in Zukunft unverhältnismäßig immer neue Erweiterungen notwendig mache, weil das Volk durch die Aussicht auf die Zugänglichkeit guter und nicht abschreckender Krankenanstalten unmoralischer, leichtsinniger und geneigter werde, sich auf die Aufnahme in das Krankenhaus zu verlassen.«

So »moralisch« dachte Katharina nicht – dafür aber barmherzig. Sie konnte noch soviel Vorarbeit leisten, daß ihre Freunde nach ihrem Tod 1820 zum Wohle der Kranken im ganzen Land den Grundstein zum heutigen Katharinenhospital legten.

»Katharinas Leben dauert fort in seinen Saaten«

Diese Worte hat Gustav Schwab in seiner Trauerrede für die Königin gesprochen. Wenn man sich vergegenwärtigt, wie viele bleibende Institutionen Katharina in Württemberg angeregt hat, kann man kaum

»Wo sie eintrat, trat auch Licht und Fröhlichkeit ein.« Königin
Katharina von Württemberg (1788–1819). Das Gemälde befindet sich heute im Schloß Hohenheim.

glauben, daß sie dies alles in nur drei Jahren bewirkt hat. Es ist oft nach den Gründen dieser Wohltätigkeit gefragt worden, die bis an die Grenze der Selbstaufopferung ging. Neben ihrer starken religiösen Motivation wird mancherorts auch ein Schuldkomplex angeführt, der aus der Zeit der mysteriösen Ermordung ihres Vaters, des Zaren Paul, herrühre. Es ist zwar nirgends nachgewiesen, daß Paul 1801 mit Wissen und Billigung seiner Familie ermordet wurde. Ähnlich wie in Dostoevskijs Roman »Die Brüder Karamazov« hat aber wohl keiner den Mord verhindert oder den Vater gewarnt. Jeder, so munkelte man, habe das Verschwinden des geisteskranken Vaters insgeheim gewünscht.

Abgesehen davon, daß Katharina damals gerade erst 13 Jahre alt war und zu jener Zeit über keinerlei Einflußmöglichkeiten am Zarenhof verfügte, ist dies doch mit Verlaub als eine Unterstellung zu werten. Hat man sich auch nur einigermaßen mit Persönlichkeit und Denkweise dieser Frau beschäftigt, so kann man ihr Handeln nur als Antwort einer zupackenden Frau auf Not und Elend ihrer Zeit verstehen. Als Reaktion einer Frau, der das Schicksal vieler Menschen anvertraut war und die aus tiefster Seele voller Herzenswärme zu geben bereit war. Das Urteil eines Zeitgenossen über Katharina Pavlovna hat auch heute an Gültigkeit nicht verloren: Sie sei »zugleich eine der liebenswürdigsten und großartigsten Frauen des Jahrhunderts« gewesen.

Königin Olga Nikolaevna

>*»Sie ist der einzige Mann am*
Stuttgarter Hof.«

Was hier Alexander Gortschakov, der Anfang der 1840er Jahre russischer Gesandter am württembergischen Hof war, über die russische Zarentochter und württembergische Königin Olga Nikolaevna sagte, wirft ein bezeichnendes Licht auf die Zustände im württembergischen Königreich ebenso wie auf Olgas Persönlichkeit.

Hatte das Volk in Württemberg ihrer Tante, der Königin Katharina, in deren ganzer Warmherzigkeit rückhaltlose Zuneigung entgegengebracht, so bestimmten Respekt und Hochachtung das Verhältnis der Württemberger zu der vornehmen und zurückhaltenden Königin Olga. Beide Königinnen aus Rußland sind durch ihre sozialen und bildungspolitischen Taten in Württemberg bis heute nachhaltig präsent. Schulen, Krankenhäuser, Kinderheime und Straßen tragen ihren Namen: das Katharinen- und das Olgastift, Katharinenhospital und Karl-Olga-Krankenhaus, das Kinderkrankenhaus »Olgäle«, das Olgaheim zur Pflege alter Menschen, die Katharinenstraße, Olgastraße und das Olga-Eck.

Die spätere württembergische Königin Olga setzte die guten Beziehungen zwischen dem russischen Zarenhaus und dem württembergischen Königshaus durch weitere enge verwandtschaftliche Bindungen in einer Weise fort, die nicht nur dynastische Verhältnisse berühren, sondern unmittelbaren Einfluß auf Politik und Wirtschaft, ganz besonders nachhaltig auf die sozialen Strukturen im Lande Württemberg nach sich ziehen sollten.

Kindheit am Zarenhof

Olga wurde am 30. August 1822 in St. Petersburg als Tochter von Zar Nikolaus I. und der preußischen Prinzessin Charlotte, Zarin Alexandra, geboren. Ihre Großmutter väterlicherseits war jene württembergische Sophie Dorothea, die als Zarin Maria Feodorovna ein Stück russische Sozialgeschichte mitgeschrieben hat. Und ihre Tante war jene Katharina Pavlovna, die als württembergische Königin gleichfalls in so vielfältiger Weise in die die Sozial- und Wirtschaftsgeschichte des Landes eingegriffen hatte. Olga war das dritte von insgesamt sieben Kindern. Einer ihrer Brüder, in der Familie zärtlich Sascha gerufen, während Olga den liebevollen Kosenamen »Olly« erhielt, wurde 1855 als Zar Alexander II. Nachfolger seines Vaters Nikolaus. In die russische Geschichte ging er als »Befreier« ein, der 1861 die Leibeigenschaft in Rußland aufhob und der – was nicht einer gewissen Tragik entbehrt – zwanzig Jahre später als Sinnbild der reaktionären Zarenherrschaft ermordet wurde.

Das Zarentöchterlein wurde auf den Namen Olga getauft, der an eine bedeutende Gestalt aus der frühen russischen Geschichte erinnert, an die heilige Olga, die bereits 955 das Christentum angenommen hatte, lange vor der Christianisierung Rußlands. Sie war die Großmutter von Vladimir, dem Heiligen, der als Kiewer Großfürst in seinem Reich 988 offiziell das Christentum aus Byzanz übernahm. Von dieser Olga heißt es in der berühmten Nestor-Chronik, dem Geschichtswerk über

Olga Nikolaevna, Königin von Württemberg.

die Anfänge des russischen Reiches, im 11. Jahrhundert vom Mönch Nestor im Kiewer Höhlenkloster aufgezeichnet: »War sie doch die Weiseste unter den Menschen.«

Olga – für eine russische Zarentochter also ein verpflichtender Name. Die Großfürstin sollte ihm alle Ehre machen. Will man ihre Kindheit und Jugend am russischen Zarenhof nachzeichnen, so kann man auf ein authentisches Zeugnis aus ihrer Feder zurückgreifen: Aufzeichnungen und Erinnerungen, die Olga in französischer Sprache niederschrieb, in einer für sie persönlich schwierigen Zeit, über die ihr die Erinnerung an eine glückliche Jugend hinweghelfen sollte. Verfaßt hat sie diese Aufzeichnungen für ihre Adoptivenkel, die Kinder der in Stuttgart lebenden Großfürstin Vera.

»Liebe Kinder! Eines Tages vielleicht, wenn ihr herangewachsen seid, möchtet ihr wissen, wie die Jugend der Großmama in dem fernen Lande war, was auch die Heimat eurer Mutter ist, und niemand von denen, die mit mir gelebt haben, wird mehr da sein, um es euch zu sagen. Ich will versuchen, meine Erinnerungen zu sammeln und zusammenzufügen, damit ihr wißt, wie glücklich meine Jugend im Schutz der väterlichen Liebe war. Mein Wunsch ist, Liebe und Ehrfurcht für das Andenken an unsere Eltern in euren Herzen zu erwecken, für die Eltern, die zu lieben und zu segnen wir nicht aufhören werden bis zur Stunde unseres Todes. Ihnen verdanken wir das Leben in der Familie, diesen kostbaren Bund, der wohl das einzig wahre Glück hienieden ist. Mögt ihr euch die Überlieferung daran unverletzt bewahren, damit ihr Schein sich warm um euch breitet! Das ist der Wunsch eurer alten Omama Olga. Stuttgart, begonnen im Januar 1881, beendet am 18. Januar 1883.«

Liebevoller Vater – vielgehaßter Zar

Dem vorsichtigen Historiker sind solche persönlichen Berichte eine wichtige Quelle, auch wenn oder gerade weil sie sehr subjektiv gefärbt sind. So vergötterte Olga Zar Nikolaus als liebevollen Vater. In die Geschichte eingegangen ist er freilich unter anderen Vorzeichen: als reaktionärer »Gendarm Europas«, als kriegerischer und brutaler Herrscher, der bereits bei seinem Regierungsantritt 1825 die Anführer des Dekabristenaufstandes grausam hinrichten oder bei Zwangsarbeit in Sibirien umkommen ließ, der die berühmt-berüchtigte »Dritte Abteilung«, die Geheimpolizei zur Aufspürung und Vernichtung aller Andersdenkenden, den Vorläufer des KGB, gründete. Den großen Dostoevskij verurteilte er wegen angeblicher revolutionärer Umtriebe zum Tode, und erst in letzter Minute »begnadigte« er ihn zu Zwangsarbeit und Verbannung nach Sibirien. Auch den freiheitsliebenden jungen Dichter Puschkin verbannte er, trieb ihn gar in den Duell-Tod.

Die lange Zeit im dunkeln gebliebene Puschkin-Affaire wird von Olga ganz anders geschildert, als es die Literaturgeschichte weiß. Olga beläßt den Leser in der Meinung, Zar Nikolaus sei über Puschkins Tod tief betroffen gewesen und hätte aus reinem Mitleid für dessen verwitwete Frau und Kinder gesorgt. Das Duell Puschkins ist jedoch in Hofkreisen provoziert worden, und es ist bekannt, daß Zar Nikolaus ein Auge auf die junge, schöne Frau Puschkins geworfen hatte, Puschkin ihm nicht nur ein gefährlicher politischer Kritiker war, sondern auch männlicher Rivale. Daß Olga an dieser Stelle in ihrer Erzählung wieder und wieder die Treue des Vaters der Mutter gegenüber betont, ist auffallend.

Olga schildert den autokratischen Herrscher als zärtlich-besorgten Familienvater, der mit ersterem nicht identisch zu sein scheint. So stellen sich aus ihrer Sicht auch Regierungsantritt und Dekabristenaufstand 1825, als ein Teil der Garderegimenter, angeführt von fortschrittlichen Offizieren aus den besten Familien Rußlands, dem Zar Treueid und Gehorsam verweigerten, ganz anders dar. In Olgas Erinnerung an den Dekabristenaufstand, bei dem sie gerade dreieinhalb Jahre alt war, ist der überstürzte Umzug der Familie aus dem durch familiäre Atmosphäre geprägten Palais Anitschkov ins besser zu schützende Winterpalais das zentrale Erlebnis, die Angst der Kinder vor den riesigen, langen Korridoren im Winterpalais, daß es kein Essen gab, daß die Kinder auf Stühlen schlafen mußten und ihre Eltern kaum mehr sahen. Für die Geschwister bedeuteten Dekabristenaufstand und Krönung ihres Vaters zum Zaren von Rußland zunächst: aus dem Leben der Eltern verbannt zu werden, das sie bisher uneingeschränkt teilen durften.

Die Geborgenheit in der Familie, nicht zuletzt dank der gütigen, heiteren und lebensfrohen Mutter, wird nicht allein von Olga, sondern auch von Baronin Eveline von Massenbach geschildert. Die Württembergerin Eveline von Massenbach, Tochter des Freiherrn Hermann von Massenbach, einem kleinen Ort unweit von Heilbronn, hatte als Hofdame der Kronprinzessin und späteren Königin Olga in den Jahren 1851 bis 1866 ein Tagebuch geführt, das tiefen Einblick in die gesell-

Das Anitschkov-Palais in St. Petersburg, Elternhaus der russischen Großfürstin Olga Nikolaevna. Gouache von 1810.

schaftlichen und politischen Verhältnisse ihrer Zeit gibt. Mehrmals hielt sie sich zusammen mit Olga besuchsweise in Rußland am Zarenhof auf, im Petersburger Winterpalais oder in der Sommerresidenz Zarskoe Selo. Auch sie schildert die warmherzige Atmosphäre in der Familie Olgas, die so sehr im Gegensatz zu der eher kühlen am württembergischen Hof stand.

Intrigante Damen am Zarenhof sollen sich einmal beim russischen Metropoliten Phyloret über Olgas Mutter wegen deren Leichtsinn und ihrer Liebe zum Tanzen und Ausgelassensein beschwert haben. Der Metropolit wies sie ab mit den Worten: »Das ist möglich, ich glaube jedoch, daß sie tanzend ins Paradies gelangen wird, während ihr noch lange vergeblich an den Pforten klopft.«

Früh übt sich ...

Frei und ausgelassen sein konnten die Zarenkinder dennoch eher selten. In lichter Erinnerung blieben Olga noch in hohem Alter die Sommertage der Familie in Zarskoe Selo, als die Kinder von ihrem Vater eine kleine Insel bei Peterhof geschenkt bekamen und darauf einen »zarengerechten« Abenteuerspielplatz errichten durften: mit einem kleinen Spielhaus samt Kinderküche und Puppenhäusern, selbst einen kleinen Hafen mit Ruderbooten gab es da. Und die sonst so strengen Pflichten durften hier ausnahmsweise vergessen werden.

Olga genoß eine hervorragende Erziehung. Sie hatte eine englische Kinderfrau und eine schwedische Gouvernante, die eine klösterlichstrenge Atmosphäre verbreitete und Olly Ehrfurcht vor der Arbeit eingeflößt haben soll. Fünfjährig konnte Olga bereits die drei Sprachen Deutsch, Russisch und Französisch lesen und schreiben. Unterrichtet wurde sie von verschiedenen Hauslehrern. Auffallend war ihre Musikliebe, besonders gern spielte sie Klavier. Die Zarenkinder mußten früh Pflichten übernehmen, so auch Olga. An der Seite ihrer Mutter und deren zwölf Hofdamen mußte sie regelmäßig Besuche in Klöstern, Schulen, Spitälern und anderen Wohltätigkeitseinrichtungen absolvieren, mußte auch früh die strenge Hofetikette und die hohe Schule des Repräsentierens lernen. Wer wie zu empfangen war und dergleichen mehr galt es einzuüben. Olga schreibt in ihren Erinnerungen von den Qualen während der Ferien in berühmten Seebädern, wie verhaßt ihr die verordneten Kurpromenaden waren, wenn sie in besonders hübsche Kleider gesteckt und von allen angestarrt wurde, wenn sie nach steifer Etikette zu gehen, zu sprechen und zu sitzen hatte.

Kein Wunder, daß das junge Mädchen unter derartiger Disziplinierung schweigsam und schüchtern wurde, eine Eigenschaft, die sie später immer wieder beklagen sollte. Sie bewunderte die Menschen ihrer Umgebung, die sich ein natürliches Wesen bewahrt hatten. Sie selbst wirkte eher verschlossen, und dies wurde ihr meist als Stolz ausgelegt. »Bedrückend empfand ich es, als Prinzessin geboren worden zu sein.« Auch solche Töne sind in der Melodie vom Familien- und Kinderglück am Zarenhof zu hören.

Ereignisse wie die verheerende Cholera-Epidemie im Jahr 1831, die aus dem Süden über die Wolga nach Petersburg drang und pro Tag 300 Menschenopfer forderte, werden in der Schilderung Olgas zu einem Abenteuer, das die Zarenkinder begrüßten, da der gesamte Kaiserhof in der Sommerresidenz in Quarantäne lebte und sie so »verlängerte Ferien« genießen konnten. Auch der Großbrand im Petersburger Winterpalais 1837 war in den Augen der Zarenkinder eher ein Glücksfall: da sie danach über ein Jahr lang im vertrauten Wohnpalais Anitschkov wieder alle zusammen wohnten, bis die Reparaturarbeiten beendet waren, und so der steifen Hofetikette für einige Zeit entgehen konnten.

Olga berichtet auch, wieviel Geld für welche Ausgaben den Zarenkindern zur Verfügung gestellt wurde. So waren zum Beispiel 25 Silberrubel für die täglichen Mahlzeiten reserviert, die einen Gang Frühstück, vier Gänge Mittagessen um 15.00 Uhr, zwei Gänge Abendessen um 20.00 Uhr umfaßten, sonntags einen Gang mehr. 500 Silberrubel standen ihr jährlich für Kleidung zur Verfügung. Olga vergleicht diesen Betrag mit dem Jahresgehalt eines ihrer Lehrer: Er erhielt 300 Silberrubel. Erstaunlich hoch war der Betrag, den sie für Almosen und Spenden zur Verfügung gestellt bekam: Sie konnte immerhin 5 000 Silberrubel ausgeben. Private Armenspenden waren die einzige Art der »Sozialfürsorge« in der damaligen Gesellschaft. Da es keinerlei Versicherungen gab, waren Kranke, Alte oder in Not Geratene zumeist auf solche Almosen und Spenden angewiesen.

Hochzeit des Zarevitsch

Das Ende der gemeinsamen Kinderzeit kam für Olga mit dem Jahr 1834, als ihr Bruder Alexander, der geliebte Sascha, mit 16 Jahren volljährig und als Thronfolger vereidigt wurde. Mit der Schilderung von Alexanders Hochzeit im April 1848, als er die am russischen Hof sehr beliebte junge Marie von Hessen-Darmstadt heiratete, soll der Ausflug in die Privatsphäre Olgas am russischen Zarenhof beendet sein.

»Der große Tag brach an. Es war der 28. April, Vortag von Saschas 23. Geburtstag. Morgens war Messe, um ein Uhr offizielles Ankleiden der Braut in Gegenwart der ganzen Familie, der neu ernannten Hofdamen und dreier Kammerfräulein. Marie trug zwei lange Locken, die zu beiden Seiten herabfielen; auf die Stirn wurde die kleine Krone gesetzt, ein Diadem aus Billianten und Perlentropfen, darunter der Spitzenschleier befestigt, der über die Schultern reichte. Jede von uns Schwestern mußte eine Nadel reichen, ihn festzustecken. Dann wurde der karmoisinrote, mit Hermelin besetzte Mantel mit einer Goldspirale an die Schulter geheftet, dieser Mantel, der so schwer war, daß fünf Kammerherrn ihn halten mußten. Mama befestigte zum Schluß einen kleinen Strauß von Myrthen und Orangenblüten unter dem Schleier. Wie groß und majestätisch Marie in ihrem Gewandt wirkte, so angemessen war es ihrer schönen Gestalt und dem Ausdruck von feierlichem Ernst auf ihrem Antlitz, das doch jugendlich strahlte.

Gegen drei Uhr war großes Festbankett für die drei ersten Hofrangklassen, etwa 400 Personen an drei riesigen Tischen des Nikolaussaales im Winterpalais. In der Mitte die kaiserliche Familie und die Geistlichkeit, die mit Gebet und Segen das Mahl einleitete, ehe man sich setzte. Am Tisch rechter Hand saßen die Damen, links die Herren. Man trank auf die Gesundheit der Neuvermählten, der Majestäten, der Eltern der Zarewna sowie aller treuen Untertanen, und jeder Toast wurde von Kanonenschüssen begleitet. Die ranghöchsten Herren des Hofes boten den Majestäten den Champagner dar, wir anderen Mitglieder der kaiserlichen Familie wurden von unseren Kammerherrn bedient. Auf dem Chor spielte die Militärmusik, und die ersten Sängerinnen der Hofoper, die Heinevetter und die La Pasta, sangen, daß die Wände zitterten. Um acht Uhr war Polonaise im St. Georgssaal, die Papa mit Marie anführte, um neun Uhr kehrte man endlich in die eigenen Gemächer zurück, wo die engste Familie bei den Neuvermählten speiste.«

Von Petersburg nach Stuttgart

»Olga kam aus einem glücklichen und würdigen Familienkreis in eine Verwandtschaft, welche nicht den Segen der Einigkeit besaß.« So kommentierte die Vertraute und Hofdame Olgas, Eveline von Massenbach, das, was sich im Leben der jungen Großfürstin nun abspielen sollte. Olga war inzwischen 23 Jahre alt, die Frage einer Verheiratung nicht nur privater Natur, sondern vor allem eine politische Angelegenheit. »Junge Damen, vor allem Prinzessinnen in heiratsfähigem Alter, sind eigentlich bedauernswerte Geschöpfe. Der gothaische Almanach verrät das Alter, man kommt dich anschauen wie ein Pferd, das zum Verkauf steht. Gibst du auf den ersten Anhieb nicht gleich deine Einwilligung, klagt man dich der Kälte, der Koketterie an oder rätselt wie an einem Geheimnis herum. War ich fürs Kloster bestimmt oder verbarg ich eine unglückliche Leidenschaft? So fragte man sich in meinem Fall.« Tatsächlich war es im Falle der zurückhaltenden Großfürstin Olga, die als eine der schönsten weiblichen Erscheinungen auf dem hochadeligen Heiratsmarkt Europas galt, zu verschiedensten Vermittlungsversuchen vor allem an deutschen Fürstenhöfen und am österreichischen Kaiserhof gekommen. Ohne befriedigendes Ergebnis.

Auf einer Italien-Reise jedoch lernte Olga Nikolaevna 1845 den württembergischen Kronprinzen Karl kennen, der mit seinem Freund und Privatsekretär, dem Schriftsteller und Tausendsassa Friedrich Wilhelm Hackländer, unterwegs war. Hackländer ließ später als Gartenbaudirektor den Stuttgarter Schloßplatz vor dem Neuen Schloß anlegen und war Begründer des Anwesens auf der Gänsheide, das später der Industrielle Robert Bosch mit seiner »Villa Bosch« bebaute, dem Sitz der heutigen Robert-Bosch-Stiftung. Die beiden hielten sich damals besonders in Venedig und Palermo auf, und es kam zu einem Zusammentreffen zwischen der schönen russischen Großfürstin Olga und dem um ein Jahr jüngeren 22jährigen württembergischen Kronprinzen Karl, bei dem sich beide näherkamen.

Um eine gezielte Zusammenführung insbesondere seitens des Vaters von Olga hat es sich bestimmt nicht gehandelt. Zar Nikolaus liebte, obgleich Sohn einer Württembergerin, die Württemberger nicht sonderlich. Im Jahr des Kennenlernens von Olga und Karl äußerte er sich zu seiner Frau: »Ich liebe das Württembergische nicht, denn du weißt, daß sie alle in ihrem Charakter etwas Undefinierbares haben, was mir nicht gefällt.« Bereits 1838 hatte Zar Nikolaus bei Karls Vater König

Wilhelm I. auf dessen Sommersitz in Friedrichshafen am Bodensee einen Besuch abgestattet, und Olga berichtet darüber: »Es herrschte keine Gemütlichkeit, und man empfand nicht viel Sympathie füreinander. Der Kronprinz Karl, von anziehendem Äußeren, mit interessanter, aber trauriger Miene.«

Karl hatte seine militärische Ausbildung in der Kriegsschule in Ludwigsburg erhalten, kurz die Universitäten Tübingen und Berlin besucht, die beim Hochadel üblichen Bildungsreisen an deutsche Höfe, in die Niederlande, nach Italien und England unternommen. Er hatte musische Anlagen, galt zwar als »an Geist seinem Vater nicht ebenbürtig«, war aber voll idealen Strebens. Leicht hatte er es unter seinem strengen Vater nicht.

Die Charaktere beider Männer waren grundverschieden. Das weiche und empfindsame, gehemmt wirkende und unsoldatische Wesen des Sohnes stand in starkem Kontrast zu dem selbstsicheren, rational denkenden und handelnden König. »Karl war von seinem Vater«, so schrieb Olga später, »nichts als Kritik und kühle Worte gewohnt.« So blieb das Verhältnis zwischen Vater und Sohn stets distanziert und kühl. Karl ordnete sich dem willensstarken und überlegenen Vater scheinbar widerspruchslos unter. Von Staatsgeschäften hielt Wilhelm ihn fern, weshalb er auch kaum die Möglichkeit erhielt, sich zu profilieren. In den Jahren 1843 und 1844 korrespondierte Karl mit der geistreichen Bettina von Arnim, geborene Brentano, die von der »Milde und Sanftheit« seines Charakters spricht.

»Eine Ehe, wie sie mir vorschwebte, als vollkommener Bund für dieses und jenes Leben, mußte vor allem auf Achtung und vollem gegenseitigen Vertrauen gegründet sein; in anderer als solcher Weise zu heiraten, schien mir eine Entweihung«, äußerte sich Olga Nikolaevna einmal zu ihrer Vorstellung von Ehe. Zu dieser Achtung und zu gegenseitigem Vertrauen scheint es zwischen Großfürstin Olga und Kronprinz Karl von Württemberg bereits in Italien gekommen zu sein. Schon am 13. Juli 1846 fand in St. Petersburg die Hochzeit zwischen der Russin und dem Württemberger statt. Der umjubelte Einzug in Stuttgart erfolgte am 23. September desselben Jahres. Prinz Friedrich von Preußen bemerkte in seiner Gratulation, er halte seine Nichte Olga »für das schönste Weib der Erde« und »für diejenige Fürstin, die vielleicht wie keine andere in ihrer Lage es in so hohem Grade verdiene, häusliches Glück zu finden, zu genießen, zu verbreiten, auch Segen und Liebe über das ganze Land zu streuen und von ihm wieder zu ernten.«

Endlich auf dem Königsthron

Die schöne, geistreiche, aber auch ehrgeizige Großfürstin erwarb sich als württembergische Kronprinzessin rasch die Sympathien der Württemberger. Unmittelbar nach ihrer Verlobung hatte sie sich darangemacht, die Geschichte Württembergs zu studieren, um sich mit den Verhältnissen dort vertraut zu machen. Sie erkundigte sich nach Land und Leuten. Als Antwort gab man ihr Bücher von Ludwig Uhland, Wilhelm Hauff und Gustav Schwab zu lesen und nannte ihr die Gelehrten des Landes. Eine aufschlußreiche Geste darüber, wie sich die Württemberger verstanden wissen wollten!

Im Unterschied zu ihrer Tante wurde Olga nicht unmittelbar nach ihrer Heirat Königin, im Gegenteil, ihr Schwiegervater regierte noch fast zwanzig Jahre lang. Erst nach dem Tod des sehr alt gewordenen Königs Wilhelm I. bestieg im Juni 1864 Karl den Thron. Der Thronwechsel war durchaus ersehnt im Lande, denn in der langen Regierungszeit Wilhelms I. war eine gewisse Stagnation eingetreten. König Karl ist von den vier Königen Württembergs dennoch der wohl bis heute am wenigsten bekannte oder populäre, und das, obwohl oder vielleicht gerade weil unter seiner Regierung das Land eine vergleichsweise ruhige, prosperierende Phase des Aufschwungs erlebte.

Außenpolitisch war die Regierungszeit Karls vor allem von den Auseinandersetzungen um die Bildung des Deutschen Reiches geprägt: dem preußisch-österreichischen Krieg 1866 und dem deutsch-französischen Krieg 1870/71. Die mit Gründung des Deutschen Reiches realisierte sogenannte kleindeutsche Lösung (bei der Österreich außen vor blieb) unter preußischer Federführung stieß bei Karl auf wenig Gegenliebe. Sein stetes Mißtrauen gegenüber Berlin ist von Olga gewiß noch genährt worden, denn ein allzu starker preußisch-deutscher Staat war dem russischen Zaren nicht sonderlich angenehm. Die energische, intelligente Königin Olga nutzte ihre Beziehungen zum russischen Zarenhaus in den Jahren vor der Reichsgründung wiederholt, um die politische Mediatisierung Württembergs zu verhindern. Damals kam es zu dem berühmten Kommentar des russischen Gesandten am württembergischen Hof, des späteren russischen Reichskanzlers Gortschakov, der Olga »den einzigen Mann am Stuttgarter Hof« nannte.

Für König Karl bedeutete die Neufirmierung des Deutschen Reiches in vielerlei Hinsicht einen Souveränitätsverlust. Berlin dominierte von nun an die Außenpolitik des Deutschen Reiches. Das Württembergische Armeecorps war nur mehr ein Teil des Bundesheeres. Die Verhandlungen um Württembergs Eintritt in den neuen deutschen Bund mit Kriegsende 1870/71 hatte Karl auf jede erdenkliche Weise hinauszuzögern versucht. So entzog er seinen Ministern in Versailles, die sich bereits für den Beitritt Württembergs erklärt hatten, die Verhandlungsvollmacht. Erst unter dem massiven Druck von Landtag und Öffentlichkeit in Württemberg sowie von Berlin beugte sich der Monarch und unterzeichnete – als letzter im Reigen der Souveräne – die Versailler Verträge. Als Bundesfürst hätte er durchaus Möglichkeiten der Einflußnahme auf die Reichspolitik besessen, machte davon aber keinen Gebrauch.

Karl verfiel in tiefe Resignation, überließ die Politik im Reich seinem Ministerpräsidenten von Mittnacht und beschränkte die Kontakte mit dem preußischen Kaiserhaus aufs Notwendigste. Er zog sich mehr und mehr in sein Privatleben zurück, reiste viel, so daß bald schon Unzufriedenheit mit dem Monarchen in Württemberg laut wurde. Seine Impulsivität und Unberechenbarkeit ließen ihn launisch erscheinen. Mit zunehmendem Alter wurde er nachlässiger in der Erfüllung seiner Regentenpflichten und Repräsentationsaufgaben. Er tat sich schwer im Umgang mit dem Volk und litt immer stärker unter Depressionen. Die nur schwer zu verheimlichende homophile Veranlagung Karls führte nicht nur zu großen innenpolitischen Belastungen und zahlreichen kaum zu vertuschenden kleineren und größeren Skandalen, sondern auch zu einer Ehekrise. Man kann sich unschwer vorstellen, wie sehr Olga darunter litt.

Der schlimmste Schicksalsschlag ihres Lebens war jedoch zweifellos die Erkenntnis, daß sie kinderlos bleiben würde. Sie, die so kinderlieb war und so viel Familiensinn besaß, wünschte sich nichts sehnlicher als Kinder. Immer wieder drang durch, wie schrecklich sie unter ihrer Kinderlosigkeit litt. Zahlreiche mehr oder weniger versteckte Andeutungen auch im Tagebuch ihrer Hofdame Eveline von Massenbach zeugen vom Leid der Königin.

Im Jahr 1863 holte sie ihre damals neunjährige Nichte Großfürstin Vera Konstantinovna, deren Geburt sie in Rußland anläßlich eines Besuchs miterlebt hatte, aus Petersburg an den Stuttgarter Hof. Vera war die Tochter ihres Bruders, des Großfürsten Konstantin und Alexandras von Sachsen-Altenburg. Sie wurde von Olga und Karl, der ebenfalls unter der Kinderlosigkeit seiner Ehe zu leiden schien – ob aus persönlichen Gründen oder der Sorge um die Erhaltung seiner Dynastie, soll hier nicht diskutiert werden – wie eine eigene Tochter behandelt. Vera erwies sich als schwieriges Kind. Sie litt unter einem Trauma infolge eines Attentats auf ihren Vater, den kaiserlichen Statthalter in Polen, das polnische Nationalisten im Juli 1862 gegen ihn verübt hatten, gefolgt von der 1863 ausgebrochenen Revolution gegen die russische Herrschaft. Vera hatte damals einen Schock erlitten und war davon nicht ohne Schmerzen in der ruhigen, beständigen Atmosphäre bei ihrer Tante Olga am württembergischen Hof in Stuttgart zu heilen. Eveline von Massenbach beschreibt in ihrem Tagebuch das Kind immer wieder als »unausstehlich«, »unartig«, sie spricht von häßlichen Szenen und Auseinandersetzungen, die sowohl König Karl erbosten als auch »die Königin sehr ermüdeten«.

Familienleben in der Villa Berg

Die Familie lebte zunächst in der Villa Berg in äußerst kultivierter, kunstsinniger Atmosphäre. Es wurde viel musiziert. Olga interessierte sich darüber hinaus stark für bildende Kunst. Sie malte selbst und hatte sich schon als junges Mädchen am Zarenhof für die Bilder in der Eremitage so begeistert, daß man Kopien davon für ihr Zimmer anfertigen ließ. In der Liebe zur Musik und Literatur, im gemeinsamen Musizieren mochten sich die beiden Eheleute am nächsten sein.

Mit dem Bau der Villa Berg hatte das junge Kronprinzenpaar für die Architektur der württembergischen Residenzstadt einen neuen Akzent gesetzt, indem es mit dem in Stuttgart zu dieser Zeit verbreiteten Klassizismus brach und im Stil der italienischen Spätrenaissance baute. Der junge Architekt Christian Friedrich Leins, der in Paris studiert hatte, wurde mit dem Entwurf für eine Villa im italienischen Renaissancestil beauftragt. Die Villa Berg war sein Erstlingswerk, mit der Errichtung des Königsbaus 1856 und der (alten) Liederhalle 1874 machte er sich später in Stuttgart einen bleibenden Namen. Karl und Olga hatten den klassischen italienischen Villenbau zuvor während ihrer Italien-Reise zusammen mit Hackländer studiert, und so gingen zahlreiche eigene Anregungen in die Bauplanung ein.

Die Villa Berg wurde der erste Bau des württembergischen Hofes, der in der bürgerlich-städtischen Architektur unmittelbare Nachfolge fand. Zahlreiche Neurenaissance-Villen der reichen Stuttgarter Bürger,

Villa Berg in Stuttgart, 1845/49. Ostseite mit Rosengarten. Die Villa, nach Plänen von Christian Friedrich Leins erbaut, war der Stuttgarter Wohnsitz von Karl und Olga. Heute hat der Süddeutsche Rundfunk sein Domizil in den Räumen der Villa.

hauptsächlich Fabrikantenhäuser wie z.B. die Villa Siegle, wurden nach dem Vorbild der Villa Berg gebaut. Die Grundform des Landhauses war ein Kubus, den auf den Ecken des flachen Daches Pavillons und unterschiedliche Terrassen- und Pergolaanbauten belebten. Hackländer war auf die kuriose Idee verfallen, Bruchstücke des Neuen Lusthauses, das 1846 zum Hoftheater umgebaut worden war – Säulen, Konsolen, Reliefs und Tierfiguren –, in die Villa Berg einzubauen.

Die Grundsteinlegung für den Landsitz war 1845 erfolgt, acht Jahre später, 1853, konnte die Villa Berg in Anwesenheit von Olga und Karl, ja sogar des französischen Prinzen Napoleon, eingeweiht werden.

Die aus diesem Anlaß aufgeführten Trinksprüche geben einen recht amüsanten Einblick in damalige Gepflogenheiten und die Sprache des zuständigen Protokolls: »Wem gilt des seltenen Festes Lust? / Hell dringt der Ruf aus jeder Brust: / Dem hohen Bauherrn gilts! / Ihm Heil! /.../ Des würd'gen Königs würd'ger Sohn, / Der künftig zieren wird den Thron, / Auf dem des Volkes Hoffnung ruht, / Das ihn umfaßt mit Liebesglut, / Aus dessen Blick spricht sein Gemüte, / Voll Menschenfreundlichkeit und Güte. Der hohe Kronprinz, er soll leben! /.../ Hoch lebe König Wilhelm mit der Jünglingsmiene (er war damals 72 Jahre alt!) / und unsre gnadenreiche Königin Pauline /.../ Was Leins getan, was Leins bedacht / Darüber hat der Herr gewacht. / Ein Unglück bleibt wohl selten aus / Doch keins geschah bei diesem Haus!«

Wenngleich der alte König Hackländer ermahnt hatte, recht langsam zu bauen, damit der Kronprinz die Kosten aus seinen Ersparnissen bestreiten könne, hatte die große Mitgift der Zarentochter Olga eine reiche Ausstattung der Villa erlaubt. Der in weißer Farbe mit Goldverzierungen gehaltene Festsaal der Villa, mit zwei Reihen korinthischer Marmorsäulen geschmückt, die französischen Kamine waren aus Carrara-Marmor, reiche Kronleuchter, herrliche Ölgemälde, eine Dannekkersche Amor-Statue und sogar chinesische Vasen, ein Geschenk der Kaiserin von China an Olga, trugen zur Prachtentfaltung des Raumes bei. Der Boden war hier in kunstvollem Holzmosaik ausgelegt, in allen anderen Sälen lagen reiche Perserteppiche. Es gab ein Kaffeezimmer, einen Speisesaal, ein Blaues Zimmer, ein Terrassenzimmer, den Billardsaal, eine Bibliothek und einen Waffensaal in altenglischem Stil mit kunstvoller Holzvertäfelung. Das zweite Stockwerk mit insgesamt zwölf Sälen, mit vorgesetzten Balkonen und Terrassen diente dem Kronprinzenpaar zu privaten Wohnzwecken.

In der auch »Feensitz« genannten Villa spielten sich vierzig Jahre Privatleben des Paares ab. Feste wurden dort gefeiert, prominente Besucher wie die beiden Kaiser Wilhelm I. und Wilhelm II., Napoleon III. und der russische Zar Alexander II. wurden hier empfangen. Noch nach dem Tod des Königspaares veranstaltete Olgas Nichte Herzogin Vera jedes Jahr am 19. Mai, dem Geburtstag des russischen Zaren, für alle in Stuttgart ansäßigen Russen und die Offiziere des Ludwigsburger Ulanenregiments, dessen Chefin sie war, ein rauschendes Fest. Auch die Verlobungen ihrer Zwillingstöchter galten als Höhepunkte im Reigen der Feste in der Villa Berg.

Zur Villa Berg gehörte auch ein großer Park, der ein Gebiet von 24 Hektar umfaßte, streng regelmäßig in den Achsen der Villa angelegt. Der obere Teil des Parks war in englischem, der untere in französisch-italienischem Stil gehalten. An der südwestlichen, der Stadt Stuttgart zugewandten Seite hatte Leins in den letzten Jahren ein restauriertes Belvedere errichtet. Die Auffahrt zur Terrasse der Villa lag im Süden, wo auch der kleine, heute dem Verfall preisgegebene Halbmondsee zu romantischer Betrachtung einlud. An der Ostseite war ein blumengeschmückter Rasenplatz mit einer Venusstatue aus einer Petersburger Werkstatt. Marmorstatuen und Alabastervasen standen rings um die Villa. Kein Wunder, daß sich in den Revolutionsjahren nach 1848 kritische Stimmen aus dem demokratisch-republikanisch gesinnten Lager erhoben. Als Kronprinz Karl den Gartenkünstler Friedrich Neuner, den späteren Gründer des Neunerschen Mineralbades, auch noch damit beauftragte, in dem südländisch anmutenden Park eine Orangerie zu bauen, machte der bittere Spruch die Runde: »Er baut für seine Pflanzen dort einen Glaspalast, und nackte Kinder tanzen umher in Hungerhaß.« Die Parkanlage war damals der Öffentlichkeit natürlich nicht zugänglich.

Eine Villa mit Geschichte

Die Villa Berg ging später in den Besitz der Großfürstin Vera Konstantinovna über, welche 1874 wiederum neue verwandtschaftliche Beziehungen zwischen Rußland und Württemberg knüpfte, indem sie Herzog Eugen von Württemberg heiratete. Der Ehe entstammte ein Sohn, Herzog Carl Eugen Alexander, der die Thronfolge hätte antreten sollen, aber bereits nach sieben Monaten starb und in der Königsgruft im

König Karl und Königin Olga von Württemberg mit den beiden Töchtern der Großfürstin Vera, Olga und Elsa. Fotografie aus dem Jahr 1880.

Alten Schloß von Stuttgart begraben liegt. Einige Monate lang also lag die Hoffnung Königin Olgas und König Karls auf diesem Söhnchen ihrer geliebten Nichte Vera, die Hoffnung, einen Thronfolger selbst erziehen zu können und ihn wie ein eigenes Kind oder Enkelkind aufwachsen zu sehen.

Drei Jahre nach der Heirat, im Jahr 1877, starb Herzog Eugen, Vera blieb mit ihren Zwillingstöchtern Olga und Elsa in Stuttgart und lebte in der Villa Berg. Ihre beiden Töchter, für die Königin Olga ihre Erinnerungen aufgeschrieben hat, sollten nach Veras Tod 1912 die Villa Berg samt Park erben. 1913 verkauften sie die Villa an die Stadt Stuttgart, die dort eine städtische Galerie einrichtete. Sicherlich wäre eine Galerie in den Räumen ihrer geliebten Villa Berg ganz im Sinne der kunstliebenden Königin gewesen! Auch mit der heutigen Nutzung durch den Süddeutschen Rundfunk als Sendesaal und somit kulturelles Zentrum könnte man sich Olga einverstanden vorstellen. Nicht jedoch mit der Umgestaltung der ehemaligen Prachträume, die 1944 einem Bombenangriff zum Opfer gefallen waren.

Großherzogin Vera und die Russische Kirche in Stuttgart

Der Großherzogin Vera ist unter anderem auch der Bau der russisch-orthodoxen Kirche im Jahr 1895 an der Hegelstraße in Stuttgart zu verdanken. Zusammen mit dem russischen Gesandten hatte sie ein Gesuch an Zar Alexander III. gerichtet mit der Bitte um Unterstützung einer neuen Gemeindekirche in Stuttgart, da die russisch-orthodoxe Kapelle auf dem Rotenberg für den sonntäglichen Kirchgang der immer größer werdenden russischen Gemeinde zu weit entfernt liege. Alexander III. bewilligte das Gesuch und stellte 50 000 Rubel für den Bau der neuen Kirche zur Verfügung. Daß die Kirche des heiligen Nikolaus Vera persönlich ans Herz wuchs, belegt folgender zeitgenössische Bericht: »Die Herzogin Vera fuhr sonntäglich zur russischen Kirche in die Hegelstraße in einem aus Rußland stammenden Einspann. Der Kutscher war ein Russe mit breitem Kutscherbart, er trug den russischen Zylinder und den typischen Kutschermantel. Er war der frühere Leibkutscher der Königin Olga namens Vasilij Vasilevetsch Schatin. Keinen Gottesdienst versäumte sie und selbst an der Nachtwache vor Ostern, die um 12.00 Uhr Mitternacht beginnt, nahm sie teil. Die Königin von Griechenland, eine Schwester der Herzogin Vera, Olga Konstantinov-

Die russisch-orthodoxe Kirche St. Nikolaus in Stuttgart, errichtet 1895 von den Architekten Weigle und Eisenlohr.

na, war sehr oft in Stuttgart und besuchte mit ihr die Gottesdienste. Bei solchen Gelegenheiten waren sehr viele Fremde in der Kirche in allerlei glänzenden Uniformen. Die Kirche war dann festlich beleuchtet, und es brannten besonders viele Kerzen.«

Die russisch-orthodoxe Kirche, die sich seit dem Wiederaufbau nach dem Zweiten Weltkrieg eines regen Gemeindelebens erfreut und von den Beziehungen zwischen Rußland und Württemberg bis heute Zeugnis ablegt, war bald nach ihrer Gründung zu einem kulturellen und geistigen Zentrum sowohl für Deutsche wie auch für Russen geworden. Zuvor allerdings hatte es heftigen Widerstand bei den Anwohnern gegeben: Sie befürchteten, durch den Kirchbau der freien Aussicht beraubt zu werden und künftig zuviel Schatten in ihre Wohnungen zu bekommen.

Von 1895 bis zum Ausbruch des Ersten Weltkriegs wurden in der Nikolaus-Kirche 22 Kinder getauft und 23 Erwachsene durch die Taufe in die orthodoxe Gemeinde aufgenommen, außerdem fanden dreißig Eheschließungen und 22 Beerdigungen statt. Der Chor aus 16 Sängern, Deutschen wie Russen, hatte ein hohes Niveau. Noch heute gehört es zur weihnachtlichen oder österlichen Tradition auch vieler nicht orthodoxer Stuttgarterinnen und Stuttgarter, an diesen hohen Festtagen die russisch-orthodoxe Kirche zu besuchen und ein Stück russischer Geistigkeit und Spiritualität zu erleben.

Eine eigene Gemeindekirche außerhalb der Räumlichkeiten der königlichen Residenz zu besitzen bedeutete für die russisch-orthodoxe Gemeinde einen großen Schritt hin zur Emanzipation und freien Existenz. Bis zu dem Zeitpunkt hatte sich die Gemeinde nicht nur in der Grabkapelle auf dem Rotenberg versammeln können, sondern in der Privatkapelle der Königin Olga, die zunächst ins Kronprinzenpalais eingebaut wurde, später, mit der Königskrönung, ins Neue Schloß übersiedelte. »Der Kirchenraum war ein heller, prächtiger, hoher Saal von achtzehn Meter Länge und sechs Meter Breite. Der Ikonostas machte sich hier besonders prächtig. Die Wände der Kirche waren reich mit Ikonen geschmückt wie auch mit kostbaren Kirchengegenständen verziert, ringsherum hohe Marmorsockel. Das mit Fresken versehene Deckengewölbe sowie drei wunderbare Kristallkerzenleuchter gaben dieser Kirche ein ganz besonders würdiges Aussehen.«

Mit dem Tod der Königin Olga wurde die orthodoxe Kirche in Stuttgarts Neuem Schloß geschlossen, die Ikonostase und das Kirchengerät in die Villa Berg überführt. Olga hatte als geistlichen Erzpriester

Johann Basarov mitgebracht, welcher über vierzig Jahre lang Dienste in der Gemeinde tat, zusammen mit einem Diakon, zwei Psalmisten und vier Sängern, die alle bis zum Tode von Königin Olga durch das württembergische Königshaus besoldet wurden und danach ihre Gehälter aus Petersburg erhielten. Zur russischen Gemeinde in Stuttgart gehörten zu jener Zeit insgesamt 25 Familien mit 82 Mitgliedern. Dazu kamen weitere, meist Ehepartner orthodoxer Gemeindemitglieder, die zur Orthodoxie übergetreten waren. Dieser Gemeinde gab nun Vera nach dem Tod Olgas Schutz und Geleit.

Königin Olgas soziales Engagement

Herzogin Vera übernahm auch das Protektorat über die zahlreichen von Olga ins Leben gerufenen Stiftungen und Wohltätigkeitseinrichtungen. Daß Olga im Volk beliebter und selbst heute in der Erinnerung präsenter als ihr Mann König Karl war und ist, liegt nicht zuletzt daran, daß sie zahlreiche Stiftungen, Heime, Krankenhäuser, Hilfsvereine ins Leben rief, die zum Teil noch heute existieren. Olga, selbst ja kinderlos, nahm sich ganz besonders der Kinder an.

Ein Jahr nach ihrer Hochzeit übernahm sie 1847 das Protektorat für die »Heil- und Pflegeanstalt für schwachsinnige Kinder« in Mariaberg, einem ehemaligen Kloster bei Reutlingen. Mariaberg war die erste von insgesamt 25 Anstalten im Land, um die sie sich persönlich kümmerte, bei zahlreichen Besuchen immer wieder nach dem Rechten sah, aus ihrem persönlichen Vermögen Geld gab und selbst nach geeigneten Lehrern, Betreuern und Ärzten suchte. Die heute allseits anerkannten, renommierten Anstalten der Nikolaus-Blindenpflege in Stuttgart hatte Olga ursprünglich für blinde Kinder gegründet und in Erinnerung an ihren Vater »Nikolaus-Pflege« genannt.

Auch das heutige Kinderkrankenhaus in Stuttgart, das »Olgäle«, wurde 1847 unter ihren besonderen Schutz gestellt. Es war fünf Jahre zuvor von zwei Ärzten ins Leben gerufen worden als Krankenhaus für Kinder, Lehrlinge und jugendliche Arbeiter. 1850 bekam es den Namen »Olga-Heilanstalt«. Daß es durch Neubauten in den 1880er Jahren erweitert werden konnte und die Stadt dafür Gelände als Schenkung zur Verfügung stellte, ist dem persönlichen Einsatz Olgas zu danken. Auf ihre Anregung wurden in Stuttgart auch zahlreiche Kinderkrippen eingerichtet. Sie sorgte dafür, daß Milch von der könig-

lichen Meierei Rosenstein zu ermäßigten Preisen an die Krippen geliefert wurde. In der von ihr gegründeten ersten Stuttgarter Kinderkrippe
wurden pro Jahr 9 080 Kinder im Alter von bis zu drei Jahren gepflegt,
genährt und gekleidet. Auch die Ulmer, Cannstatter und Heilbronner
Krippen standen unter dem Protektorat Olgas. Kinder im Alter von
drei bis sechs Jahren kamen in Kleinkinderpflegen unter. In der Olga-
Pflege in Stuttgart beispielsweise wurden tagsüber sechzig Kinder von
alleinerziehenden Eltern betreut. Vor allem Kinder aus dem Postdörf-
chen und der Siedlung Bahnhofsstraße waren davon betroffen. Bald
gab es auch in der Gablenberger Arbeitersiedlung eine von Olga unterstützte Kleinkinderkrippe.

Olga übernahm die Betreuung der bereits von Königin Katharina
gegründeten »Industrieschulen« für verwahrloste oder der Verwahrlosung ausgesetzte Kinder im schulpflichtigen Alter. In der Stuttgarter
Industrieschule arbeiteten 54 Knaben und 75 Mädchen, die parallel zu
der Arbeit in den Industrieschulen auch Schulunterricht hatten. Ihr
geringer Lohn sicherte ihnen ein Existenzminimum, darüber hinaus
wurde für sie in kleinen, praktischen Angelegenheiten gesorgt, so zum
Beispiel erhielten sie jeden Samstag Bademöglichkeiten und frische
Wäsche.

Besonders wichtig war die Grundversorgung mit Nahrungsmit-
teln. Man mag diese Details belächeln, für die Kinder, die hier aufgenommen wurden, bedeutete dies jedoch, nicht der Obdachlosigkeit
und Verwahrlosung preisgegeben zu sein, nicht hilflos Krankheit und
Hunger ausgeliefert zu sein. Zweifellos stellten solche Industrieschulen keine Ideallösung dar, und es handelte sich um Kinderarbeit. Dennoch galt es als Fortschritt, die Kinder nicht dem Bettelstab auszuset-
zen. Arbeit statt Almosen zu geben, im Ansatz Hilfe zur Selbsthilfe zu
leisten, dies erschien Königin Olga allemal menschenwürdiger. Kinder
und auch erwachsene Arme, die in ähnlichen Industrieanstalten beschäftigt wurden, sollten dabei als vorrangiges Ziel nicht durch eine
qualifizierende Berufsausbildung selbständig werden, sondern mit
Hilfe solcher sozialdisziplinierender Programme an den neuen, dem
merkantilistischen Wirtschaftssystem und der bürgerlichen Ordnung
gleichermaßen nützlichen Wertekanon von Pünktlichkeit, Ordnung,
Fleiß und Sparsamkeit gewöhnt und so »pflichtgetreue Untertanen«
werden.

Die Industrieschulen erscheinen aus heutiger Sicht als Anstalten
zur Arbeitserziehung. Dies Königin Olga jedoch als systematische

Nutzbarmachung und Ausbeutung des Arbeitskräftepotentials anzulasten, wäre wohl eher eine Unterstellung und darüber hinaus der falsche Denkansatz. Olga hat dies alles aus echtem Pflichtgefühl »ihren« Landeskindern gegenüber getan, als »Landesmutter«, wie es die damalige Zeit von ihr erwartete. Der Erfolg gab ihr Recht. So konnten Kinder aus solchen Industrieschulen leichter eine feste Anstellung bekommen, etwa als Dienstboten, sie waren auf dem Arbeitsmarkt besser »vermittelbar«.

Olga hat auch dafür gesorgt, daß ein Dienstmädchen, das fünf Jahre lang seinen Dienst vorwurfsfrei getan hatte, eine Prämie bekam – wenngleich diese Prämie in Höhe von 12 Mark keine große Summe darstellte. Sie stiftete ein silbernes Kreuz und Diplom für 25jährige treue Dienstbotenzeit. Das hat die Dienstboten zwar nicht freier oder unabhängiger gemacht, auch nicht sehr viel wohlhabender, es bedeutete für sie und ihre gesellschaftliche Stellung jedoch eine nicht zu unterschätzende Anerkennung, nicht zuletzt insofern, als sich mit dieser Stiftung die Dienstherren oder die »Herrschaft« der Dienstmädchen, Wäscherinnen, Näherinnen, Köchinnen usw. des Wertes einer solchen Arbeit bewußt werden sollten.

Die Königin als »Frauenbeauftragte« des Landes

Wie genau Olga den wirtschaftlichen Alltag der armen Bevölkerung kannte oder wie genau und ernsthaft sie zumindest auf gut informierte Ratgeber hörte, läßt sich auch aus von ihr geförderten kleineren Hilfsmaßnahmen ersehen wie zum Beispiel der Einrichtung einer »Nationalindustrieanstalt« im Stuttgarter Königsbau. Hier konnten Frauen, die sich als Heimarbeiterinnen mit der Herstellung von Handarbeiten verdingten, ihre Ware zum Verkauf abgeben und dabei selbst den Preis bestimmen. Sieben Prozent vom Erlös mußten an die Anstalt abgeliefert werden. Es war für die Frauen damit der übliche Zwischenhändler ausgeschaltet, von dem sie ansonsten wesentlich weniger bekamen.

Unter Olgas Protektorat standen auch die evangelischen Frauenstifte für »einsame, alleinstehende, gebildete Frauen«, deren Ziel es war, »in gemeinsamer Haushaltung das Leben sorgenfreier zu gestalten und die eigene Familie zu ersetzen«. Es handelte sich um klosterähnliche evangelische Gemeinschaften, mit einer Oberin an der Spitze, in die sich Frauen entweder durch einen einmaligen Betrag einkaufen konnten oder einen mäßigen Jahresbeitrag leisten mußten. Solche Frauenstifte, wie beispielsweise das Henrietten-Frauenstift in Kirchheim/Teck, das Olga-Frauenstift in Grunbach im Remstal oder das Karl-Olga-Frauenstift in Schorndorf, waren bei alleinstehenden Frauen hauptsächlich aus dem Bürgertum begehrt, die die Rolle der »ewigen alten Jungfer« leid waren oder die Abhängigkeit von der Familie im Krankheitsfalle oder im Alter vermeiden und selbstbewußt ihr Leben in einem Frauenstift unter Gleichgesinnten gestalten wollten.

Wollte man all die Wohltätigkeitsinstitutionen aufzählen, um die sich Olga kümmerte, so würde das noch viele Seiten füllen. Die Diakonissenanstalt in Stuttgart zum Beispiel stand ebenso unter ihrem Protektorat wie die »Häuser der Barmherzigkeit« in Esslingen und Wildberg im Schwarzwald, die für Alte, Arme und Erwerbsunfähige ohne Unterschied der Konfession gedacht waren. Auch die Paulinenhilfe für orthopädisch Kranke konnte des Schutzes der Königin sicher sein. Daneben war sie förderndes Mitglied in zahlreichen Vereinen, so im evangelischen Krankenverein Stuttgart, im sogenannten »Freibettenverein« zur kostenlosen Unterbringung Armer und Kranker, im »Verein der Kinderfreunde«, im »Verein zur Unterstützung älterer Honoratiorentöchter«, im »Jungfrauenverein zur Rettung armer und verwahrloster Kinder« – die Liste scheint unendlich. Olga setzte sich für die Taubstummenanstalt Wilhelmsdorf ein und gab Geld für die Stuttgarter Kunstschule.

Betrachtet man die einzelnen Institutionen, für die sie sich besonders engagierte, so fällt auf, daß ihre Sorge vor allem den Schwächsten der Gesellschaft galt: Frauen und Kindern. Die Bildung von Mädchen und Frauen hielt sie für besonders wichtig. So geht das Lehrerinnenseminar in Markgröningen auf ihre Initiative zurück, und als das von ihrer Tante gegründete erste Mädchengymnasium Stuttgarts, das Katharinenstift, nicht mehr ausreichte, gründete sie im Jahr 1873 ein zweites Mädchengymnasium, das bis heute existierende Olgastift. Daß Königin Olga den Mädchen Schlittschuh-Vacancen erteilte, mag ihr die besondere Sympathie der Schülerinnen eingebracht haben!

Die einseitige Tendenz in Württemberg, den Akzent der Hochschulbildung auf Geisteswissenschaften und Theologie, allenfalls noch Jurisprudenz zu setzen und dabei Naturwissenschaften und Technik zu vernachlässigen, die gerade in der zweiten Hälfte des 19. Jahrhunderts im Auftrieb waren und für das Wirtschaftsleben immer wichtiger wurden, mag die Königin intuitiv erfaßt haben. Auch daß nur Kinder entsprechend privilegierter Eltern studieren konnten, damit aber ein großes Potential an begabten jungen Menschen brachlag, mag ihr bewußt gewesen sein. Sie kümmerte sich jedenfalls um einen »Verein zur Unterstützung bedürftiger und würdiger Studierender« an der Universität Tübingen und der Technischen Hochschule Stuttgart. Geld hierfür gab sie aus ihrer Privatkasse.

Ihr Einsatz gerade für die Schwachen und Verachteten der Gesellschaft zeigt sich auch in der Gründung eines Vereins für entlassene Strafgefangene.

Sinn für Humor – Liebe zur Kunst

Es wird deutlich, die Königin arbeitete, sie arbeitete viel und effektiv. All diese karitativen Tätigkeiten sichern ihr bis heute ein gutes Andenken im Lande. Der Ernst, mit dem sie sich dieser Arbeit zuwandte, schloß freilich nicht aus, daß sie voll Humor und feiner Ironie sein konnte. Freude hatte sie an allen schönen Dingen, angefangen bei der wertvollen Mineraliensammlung, die sie über die Jahre zusammengetragen hatte, über die Lust am Tanzen ebenso wie am aktiven Musizieren. Bigotterie und Borniertheit haßte Olga. Daß sie darauf entsprechend zu reagieren wußte, davon erzählt die Anekdote von der schönen Galatea.

Als zu Beginn der 1880er Jahre der »Verein zur Förderung der Kunst« in Stuttgart einen neuen Brunnen errichten wollte und hierfür eine größere Sammelaktion plante, die mehr als 35 000 Mark ergeben sollte, stellte die Königin dem Verein aus ihrem Privatvermögen spontan 25 000 Mark zur Verfügung. Der Standort für den neuen Brunnen sollte am Ende der Eugenstaffel auf dem Eugensplatz liegen, der nach dem früh verstorbenen Ehemann der Großfürstin Vera benannt ist. Ein Wettbewerb zur Brunnengestaltung wurde ausgeschrieben, der mit einer Ausstellung von 18 eingereichten Brunnenmodellen seinen Abschluß fand. Unter den drei ersten, preisgekrönten Entwürfen sollte nun Königin Olga entscheiden, und ihre Wahl fiel auf das Modell Otto Rieths für den Galatea-Brunnen. Im April 1890 konnte die Brunnenanlage feierlich eingeweiht werden. Auf ein Zeichen der Königin wurde die Brunnenfigur enthüllt, und sie drückte ihre volle Befriedigung über das Werk aus. Die meisten Festgäste jedoch erstarrten vor Schreck, als die schöne Galatea ihnen ihre blanke Kehrseite präsentier-

Eugensplatz in Stuttgart mit dem Galatea-Brunnen des Bildhauers Rieth. Bei der Einweihung 1890 sorgten die nackten Rundungen der schönen Galatea für Aufregung.

te. Gar zu wenig Stoff und viel zu viel wohlproportionierte Rundungen zierten die schöne Galatea in den Augen der braven Stuttgarter. Der sittlichen Entrüstung der Damenkränzchen begegnete die Königin gelassen mit der scherzhaften Drohung, die Figur werde gedreht und die schöne Galatea werde der Stadt künftig ihr wertes Hinterteil zeigen, wenn das Gerede nicht aufhöre.

Zu Olgas sozialem Engagement und Interesse für Kunst und Kultur gesellte sich ein reges Interesse für Politik. Jeden Tag mußte ihr die Hofdame von Massenbach eine Art Presseschau liefern und das wichtigste aus deutschen und französischen Zeitungen vorlesen. Direkten Einfluß auf die Politik ihres Mannes und seines Kabinetts hat sie jedoch wohl nicht genommen. In ihren Erinnerungen schildert sie ihre anfänglichen Schwierigkeiten in Stuttgart, die konstitutionelle Monarchie zu akzeptieren. Noch im Alter erschien ihr das absolutistische Regime ihres Vaters, des Zaren Nikolaus, als das bessere. Die Verfassungstradition, der Landtag, all das blieb ihr fremd. Daß sie in Württemberg während der Regierungszeit Karls eine innenpolitisch vergleichsweise ruhige und wirtschaftlich erfolgreiche Zeit erlebte, mußte ihr angesichts der anstehenden politischen und gesellschaftlichen Umwälzungen in dem von Mißständen geplagten Zarenreich besonders ins Auge fallen.

Im Juni 1889 konnte das silberne Regierungsjubiläum König Karls gefeiert werden. Zwei Jahre später war der 68jährige Monarch bereits tot. Nur ein Jahr später, am 30. Oktober 1892, folgte ihm die siebzigjährige Olga nach. Beide fanden ihre letzte Ruhestätte unter der Schloßkirche von Stuttgarts Altem Schloß, die König Karl zu Beginn seiner Regierungszeit Mitte der 1860er Jahre hatte renovieren lassen und wieder ihrer sakralen Bestimmung übergeben hatte. Wie Königin Olga auf die Menschen gewirkt hat, das drückte eine der wohl einflußreichsten und klügsten Hofdamen am württembergischen Hof, Frau von Spitzemberg, so aus: »Sie war für unser Geschlecht ›die Königin‹, vom Scheitel bis zur Sohle und in ihrem Gebahren.«

Fruchtbarer Austausch: russisch-württembergische Kulturbegegnungen

Die Hohe Carlsschule in Stuttgart und ihre russischen Zöglinge

Die Carlsschule, 1770 auf der Solitude zunächst als Internat zur Ausbildung von Fachkräften für Gartenbau und Stukkatur begründet, avancierte rasch zur »Militärischen Pflanzschule« des Landes. Die »Militärakademie«, so die offizielle Bezeichnung drei Jahre später, sollte nach dem Willen des Landesherrn Herzog Carl Eugen aber nicht nur den Nachwuchs für den Militärdienst heranziehen, sondern auch fähige Kräfte für Verwaltung, Hofdienst und Kulturwesen rekrutieren. Diesem Ziel entsprachen die Abteilungen für den sogenannten höheren Fachunterricht: Neben Militärkunde wurden Rechtswissenschaft, Kameralistik, Forstwissenschaft und Gartenbau sowie musische Fächer gelehrt.

Fünf Jahre nach der Gründung ordnete der Herzog den Umzug in eine ehemalige Kaserne in Stuttgart an. In unmittelbarer Nachbarschaft des Neuen Schlosses (wo sich heute der Akademiegarten erstreckt), direkt unter den gestrengen Augen Carl Eugens, wurden die Zöglinge fortan unterrichtet. Die Schule war des Herzogs liebstes Kind: Nachdem Kaiser Joseph II. sie 1782 zur Universität erhoben hatte, übernahm er höchstpersönlich das Amt des »Rector magnificentissimus« an der »Hohen Carlsschule«. Die höheren Abteilungen wurden jetzt zu Fakultäten; neben der juristischen und der militärischen gab es u.a. auch eine medizinische und eine ökonomische Fakultät sowie eine philosophische Fakultät. Das herzogliche Interesse sicherte der Schule finanzielle Mittel und besonderes Ansehen. Die Zöglinge freilich empfanden Carl Eugens Intervention in schulische Angelegenheiten im wahrsten Sinne des Wortes eher schmerzlich: Die – gelegentlich handfesten – Strafmaßnahmen behielt sich der Rector magnificentissimus persönlich vor.

Die Hohe Carlsschule des Herzogs Carl Eugen in Stuttgart hinter dem Neuen Schloß. 1775 wurde die herzogliche Militärakademie von der Solitude nach Stuttgart verlegt. Im Zweiten Weltkrieg wurden die Gebäude größtenteils zerstört und danach nicht wieder aufgebaut. Heute erinnert der Akademiebrunnen an dieser Stelle an die Hohe Carlsschule, die ihre Pforten als Hochschule bereits 1794 schloß.

Im April 1794, knapp ein Jahr nach dem Tod Carl Eugens, wurde die Hohe Carlsschule geschlossen, sie hat also nur ein Vierteljahrhundert bestanden. Dennoch zählt sie bis heute zu den bekanntesten Bildungsinstitutionen Württembergs. Sie gilt als eine der fortschrittlichsten Schulen ihrer Art im 18. Jahrhundert. Söhne adliger und bürgerlicher Familien wurden unter einem Dach unterrichtet. Trotz aller militärischen Zucht und Ordnung waren die Unterrichtsmethoden aufklärerisch motiviert. Modern war das Fächerangebot, einzigartig die Kombination von Militärschule und universitärer Bildungsanstalt.

Beinahe jeder Reisende von Rang und Namen, der durch Stuttgart kam, stattete der Schule einen Besuch ab, viele faßten die gewonnenen Eindrücke in Worte, auch eine Reihe literarischer Zeugnisse über die Hohe Carlsschule gibt es. Berühmt wurde sie aber vor allem durch ihre Schüler. Friedrich Schiller, in Rußland wohl der bekannteste deutsche Dichter, war einer der berühmtesten Zöglinge der Hohen Carlsschule. Unter der strengen Zucht und Ordnung, der Kasernierung litt allerdings gerade er furchtbar. Doch machte er an der Carlsschule auch Bekanntschaft mit dem Gedankengut und den Freiheitsidealen der Französischen Revolution.

In der Nacht vom 22. auf den 23. September 1782 setzte Schiller sich nach Mannheim ab – die Geschichte ist bekannt. Just in dieser Nacht feierte man auf der Solitude ein rauschendes Fest zu Ehren der hohen Gäste aus Rußland: Die ehemalige württembergische Prinzessin und nunmehrige russische Großfürstin Maria Feodorovna und ihr Mann, der Thronfolger Paul, weilten zu Besuch in Stuttgart. Aus diesem Anlaß hatte man am Bärensee eine große Jagd veranstaltet, für die 6 000 Hirsche aus dem Schönaich zusammengetrieben worden waren. Das Spektakel zog die Aufmerksamkeit aller auf sich, so daß Schiller und sein Freund Streicher unbehelligt fliehen konnten. Der Blick auf das hell erleuchtete Schloß Solitude mag nicht nur die Anfänge seiner Studienzeit heraufbeschworen haben, sondern auch die Erinnerung an eine Jugendzeit voller Anregungen, an Freundschaften mit Kameraden aus ganz Europa, auch aus Rußland, nicht zuletzt an einen Herzog, der zu den genialsten, widersprüchlichsten, umstrittensten und dennoch als »Carl Herzich« zu den beliebtesten Herrschern Württembergs zählte.

Durch die Integration der »Académie des beaux arts«, der schon 1761 gegründeten »Akademie der schönen Künste«, in die Hohe Carlsschule war der Umgang mit der Kunst und jungen Künstlern,

Musikern, Tänzern für die Carlsschüler selbstverständlich. Cuvier, Wächter, Schick, Dannecker und Zumsteeg genossen ihre Ausbildung an der Carlsschule.

Eine Bildungsinstitution von solcher Modernität und solch hohem Niveau weckte das Interesse des Auslands, und auch Zarin Katharina die Große war bald darauf bedacht, junge, begabte Russen zum Studium nach Stuttgart zu schicken. Da Katharina II. auf »Charakterbildung« bei der Erziehung größten Wert legte, schien ihr gerade die Schule Herzog Carl Eugens, der sich um seine »Zöglinge« persönlich kümmerte und über strengste Disziplin waltete, besonders geeignet. Günstig war auch, daß die Lehrpläne der russischen Gymnasien, als deren bekannteste das Kasaner und Moskauer Adelspensionat mit den berühmten Schülern Shukovskij, Fonvizin, Griboedov und Lermontov galten, den Lehrplänen an der Militärakademie ähnlich waren. In ihrem Senatsbefehl »Über die Erziehung junger Offiziere« aus dem Jahr 1762, in dem sie allgemeine pädagogische Richtlinien festlegte, hatte sie bestimmt, daß begabte Söhne des russischen Adels, der Geistlichkeit und des bürgerlichen Kaufmannsstandes ihre abschließende Ausbildung an ausländischen Universitäten erhalten sollten. Nach der Gründung der Hohen Carlsschule fügte sie den Zusatz an: » ... besonders an der Stuttgarter Militärschule«.

Katharina II. beabsichtigte u.a., die russischen Absolventen der Hohen Carlsschule als Lehrkräfte bei der von ihr forcierten Einführung von Volksschulen in Rußland einzusetzen. Sie stattete die Studenten, die Herzog Carl Eugen aufzunehmen bereit war – was ein Staatsvertrag mit Katharina besiegelte – mit einem Stipendium der russischen Regierung in Höhe von 500 Florin pro Schüler jährlich aus und beförderte als Auszeichnung alle Absolventen nach ihrer Rückkehr aus Stuttgart zu Unter- und Oberleutnants. Tatsächlich kamen die ersten Lehrkräfte der russischen Volksschulen aus der Stuttgarter Schule. Binnen kurzer Zeit hatte die Hohe Carlsschule 45 Schüler aus Rußland vorzuweisen, ja die Russen hatten einen Anteil von 13 Prozent an der Gesamtzahl aller Schüler.

Die Benckendorffs in Württemberg

Unter den 45 Schülern befanden sich hervorragende Persönlichkeiten wie der russische Dichter Fjodor Alexevitsch Achangelskij, der im August 1779 unter der Registriernummer 777 in die Militärakademie von Stuttgart eingetreten war und dort eine juristische Ausbildung genoß. Er war ebenso Mitschüler Schillers wie der baltisch-russische Graf Johann von Benckendorff, der später zum Leiter des Moskauer Universitätstheaters avancierte.

Verbindungen zu Württemberg wurden auch von anderen Mitgliedern der Familie Benckendorff gepflegt. So lebte der kaiserliche Generaladjutant Constantin Christoforovitsch Benckendorff von 1820 bis 1826 als russischer Gesandter in Stuttgart. Hier starb 1823 seine Frau 27jährig. Kurz vor ihrem Tod hatte sie den Wunsch geäußert, sie wolle »in dem schönen Tale von Heslach, wo am Abhang von Weinbergen ein kleiner Dorffriedhof liegt«, begraben werden. Nach ihrem Tod gab ihr Mann hier ein kleines russisch-orthodoxes Tempelchen bei dem italienischen Baumeister Salucci in Auftrag, der auch die Grabkapelle auf dem Württemberg entworfen hatte.

Das kleine Mausoleum steht heute etwas verwunschen und halb versteckt unter Bäumen auf dem Heslacher Friedhof. Die Zeit ist nicht spurlos an ihm vorübergegangen, es ist vermoost, die Sandsteinfugen sind gesprungen, das Dach ist undicht. Die Heslacher jedoch verbinden mit der kleinen Grabkapelle, in die auch die sterblichen Überreste von Constantin Christoforovitsch Benckendorff nach seinem Tod 1828 überführt wurden, die Erinnerung an jene junge Gräfin Natalja, die als »Wohltäterin der Armen« galt und deren Zuwendungen dank einer Stiftung auch nach ihrem Tod nicht versiegten. Eher traurige Berühmtheit erlangte übrigens auch der um ein Jahr ältere Bruder Constantins, Alexander von Benckendorff: Er war jener bereits erwähnte gefürchtete Chef der Geheimpolizei des Zaren Nikolaus I.

Schillers russischer Mitschüler Paul Bakunin wurde später Direktor der St. Petersburger Akademie der Wissenschaften, und Modest Bakunin, ab 1780 Schillers Mitschüler, hatte zuvor bei dessen Vater auf der Solitude einen zweijährigen praktischen Kurs in Baum-, Garten- und Obstbaukultur absolviert. Die Welt war klein – auch damals, in einem Zeitalter, das die Fortbewegungsmittel unseres Jahrhunderts noch nicht kannte.

»... im schönen Tale von Heslach« wollte sie zur letzten Ruhe gebettet werden: Grabmal der wohltätigen Gräfin Natalja von Benckendorff auf dem Heslacher Friedhof.

Der Carlsschüler David von Alopeus aus dem russischen Gouvernement Finnland wurde einer der fähigsten Diplomaten Rußlands. Er gab dem russischen Zaren Alexander I. 1804 die Anregung, den deutschen Dichter Schiller durch eine besondere Auszeichnung zu ehren. Alexander schenkte Schiller einen brillantbesetzen Ring. Ein kostbares Geschenk, das für Schillers Frau, die nach dem Tod des Dichters 1805 in finanzielle Bedrängnis geriet, in doppelter Hinsicht von unschätzbarem Wert war.

Carlsschüler war auch der aus dem württembergischen Mömpelgard stammende Gelehrte Georg Friedrich von Parrot, der später an der Dorpater Universität und der St. Petersburger Akademie der Wissenschaften lehrte.

Unter den jungen Russen an der Stuttgarter Carlsschule befanden sich viele Söhne aus hohem und altem russischem Adel. Sie mußten standesgemäße Uniform tragen: mit Degen, Helm, blauer Weste und weißen Beinkleidern, während die fünf bürgerlichen Söhne von russischen Oberpriestern und Kaufleuten wie die einheimischen Zöglinge in die schlichte Uniform der Eleven gekleidet waren.

Graf Scheremetev und Friedrich Schiller

Der wohl bedeutendste russische Absolvent der Hohen Carlsschule war Graf Nikolaj Scheremetev, der Sohn eines reichen russischen Theatermäzens, des Oberkammerherrn der Zarin, Graf Pjotr Borisovitsch Scheremetev. Er lebte als Spielgefährte des Thronfolgers Paul am Zarenhof und wurde von Katharina II. umhegt und gepflegt. Im Mai 1772 gewährte sie dem jungen Scheremetev »einen Urlaub auf zwei Jahre, zwecks Studiums an der Universität Stuttgart«, und sie betonte ausdrücklich, daß er »aber ja nicht nach Paris geschickt werden solle«, wo einen jungen Studiosus allerhand Laster und Vergnügungen verführen konnten, während dies im bodenständig-biederen Stuttgart wohl weniger zu befürchten stand.

Der junge Scheremetev reiste inkognito als »Graf von Ostankov«, so der Name eines großen Besitztums der Familie vor den Toren Moskaus, und sollte bald zum engen Freundeskreis um Schiller gehören. Er tat alles, um Schiller den Weg zu ebnen, in St. Petersburg oder Moskau ansässig zu werden. In der schwierigen Zeit vor seiner Flucht aus Stuttgart dachte Schiller offensichtlich auch daran, nach Petersburg zu fliehen. In einem Brief an seine Schwester schreibt er von »guten Adressen und Beziehungen in Petersburg«. Rußland war ihm durch seine russischen Mitschüler an der Hohen Carlsschule vertraut, und er hätte sicherlich deren Protektion uneingeschränkt in Anspruch nehmen können, hätte er sich zur Reise nach Rußland entschlossen. Nach Scheremetevs Rückkehr nach Rußland und dem frühen Tod seines Vaters war er nicht nur in den Besitz unvorstellbarer Güter und Reichtümer gelangt, sondern auch Erbe der großen Theatertradition seines Vaters, die er in glänzender Weise weiterführen sollte. 1797 wurde er Direktor aller kaiserlichen Theater in Rußland. Er sorgte dafür, daß die Dramen seines einstigen Mitschülers Schiller nicht nur in seinen privaten Leibeigenentheatern aufgeführt wurden, sondern auf allen großen Bühnen Rußlands.

Wie Scheremetev von Person und Werk des einstigen Kommilitonen beeindruckt war, so hinterließ umgekehrt wohl auch die Persönlichkeit des jungen Scheremetev bei Schiller einigen Eindruck. Vieles spricht dafür, daß die Gestalt Scheremetevs Pate gestanden hat für zwei Protagonisten des Romanfragments »Geisterseher«. In dem 1787 erschienenen Fragment macht ein Graf von O.** die Bekanntschaft eines melancholischen, schwärmerischen Prinzen aus fürstlichem Geblüt. Aus der Perspektive des Grafen von O.** erfährt der Leser die mysteriöse Geschichte des Prinzen, der in eine politische Intrige um die Thronfolge des Fürstentums verwickelt wird, bei der undurchsichtiger Zauber und geheime Magie im Spiel sind, kurz, es geht nicht mit rechten Dingen zu. Der Untertitel des Werkes »Aus den Papieren des Grafen von O.**« sowie des »Prinzen von O.**« mit Anklängen an die beiden betonten Schlußsilben im Namen Ostankov gibt einen möglichen ersten, noch vagen Hinweis auf eine Namensübereinstimmung mit dem Pseudonym, unter dem Scheremetev nach Württemberg gekommen war: Graf Ostankov. Dem Familientitel der Scheremetevs »Durchlaucht« entsprach die mündliche und schriftliche Anrede »Prinz«. Geht es im Geisterseher um eine undurchsichtige Intrige um die Thronfolge, so bot Scheremetevs biographischer Hintergrund auch dazu Anknüpfungspunkte. Die hohe Gunst, in er bei Katharina stand, während ihre Muttergefühle für den eigenen Sohn, den Zarevitsch Paul, mit den Jahren erkalteten, förderte im Dunstkreis des Zarenhofs das Gerücht, der Prinz sei insgeheim als Thronerbe auserkoren, obgleich er, wie Schillers Prinz im Geisterseher, offiziell »keine wahrscheinliche Aussicht zur Regierung hatte« (Buch I).

Scheremetev scheint für die Gestalt des Grafen von O. (-stankov) im Namen wie auch vor allem für die des Prinzen Anregung gewesen zu sein. Parallelen zwischen dem realen Scheremetev und dem fiktiven Prinzen im »Geisterseher« lassen sich auch in den Schauplätzen der Handlung vermuten: so z.B. der »Zurückreise nach Kurland im Jahr 1700 **« und dem Aufenthalt des »Prinzen von **« in Venedig. Auch Scheremetev reiste nach Beendigung seiner Studien in Leyden und kurzem Aufenthalt in Leipzig auf dem damals üblichen Wege über Kurland und Riga nach St. Petersburg zur Berichterstattung an den Hof Katharinas und von dort nach Moskau, von wo er wieder über Kurland nach Deutschland zurückreiste. Ehe er sich jedoch nach Stuttgart begab, ging es über die Schweiz nach Italien, wo er Venedig und Rom besuchte. Eine weitere Übereinstimmung ließe sich in der Begleitung des Prinzen sehen: Wie Scheremetev auf seiner Reise wird der Prinz im »Geisterseher« von »zwei Kavalieren« begleitet: einem Hofmeister und einem Offizier »nebst einigen treuen Bedienten«.

Auch die Charakterschilderung des Prinzen liefert ein verwandtes Seelenbild, das Entsprechungen zu zeitgenössischen Beschreibungen Scheremetevs und besonders der Familienchronik der Scheremetevs aufweist. Im »Geisterseher« heißt es beispielsweise vom Prinzen: »den Aufwand vermied er mehr aus Temperament als aus Sparsamkeit«, »er floh die Vergnügungen«, »das schöne Geschlecht war ihm bis jetzt gleichgültig geblieben«, »seine Neigungen waren still, aber hartnäckig bis zum Übermaß«, »tiefer Ernst und eine schwärmerische Melancholie herrschten in seiner Gemütsart«. All das traf auf den jungen Scheremetev, auch er war Gutsbesitzer und 1786 – wie der Prinz im »Geisterseher« – gerade 35 Jahre alt. Von größerer Bedeutung als solche Übereinstimmungen, die letztendlich natürlich Spekulation bleiben, war aber wohl das, was Scheremetev in Rußland für die Verbreitung der Werke seines einstigen württembergischen Studienkollegen unternahm.

Wenn Reisende heute per Flugzeug nach Rußland kommen, landen sie in Moskau auf einem Flughafen namens Scheremetevo. Allein dieser Name ruft bei dem historisch Kundigen jene große Tradition des kulturellen Austauschs auf allen Ebenen ins Gedächtnis, der zwischen dem kleinen Württemberg und dem großen Rußland Geschichte hat, aber auch jene menschlich engen und für beide Seiten befruchtenden Kontakte zwischen Protagonisten des Kultur- und Geisteslebens hier wie dort.

Tübinger Gelehrtenexport für die Akademie der Wissenschaften in St. Petersburg

Georg Bernhard Bilfinger

Die unter Peter dem Großen gegründete Akademie der Wissenschaften von St. Petersburg stellte sich jahrzehntelang als weitgehend deutsche Forschungsbastion dar. Von 111 berufenen Akademikern sprachen 71 als Muttersprache deutsch, und auch der erste Präsident der Akademie, Laurencius Blumentrost, gleichzeitig Leibarzt des Zaren, war ein Deutscher.

Auch Gelehrte aus Württemberg befanden sich unter den Mitgliedern der Akademie; schon bald nach ihrer Gründung wurde der Professor für Moral und Mathematik am Collegium illustre in Tübingen, Georg Bernhard Bilfinger, auf Empfehlung des in Rußland geschätzten deutschen Philosophen Christian Wolff an die Akademie der Wissenschaften nach St. Petersburg berufen. Der Entschluß, die württembergische Universitätsstadt am Neckar mit der russischen Kapitale an der Neva zu tauschen, scheint dem jungen Gelehrten nicht allzu schwer gefallen zu sein, denn bei der alteingesessenen Professorenschaft von Tübingen war der unbequeme, fortschrittliche Bilfinger trotz oder wegen seines großen Wissens- und Forschungstalents nicht sehr wohlgelitten. Man habe ihn dort »mit dem allgemeinen Lob seiner Gelehrsamkeit so lange abgespeist, bis ihn die Noth gedrungen, sein ungleichliches Talent dem lieben Vaterlande zu entziehen und es der rußisch-kayserlichen Majestät zu widmen«, so die Darstellung des selbstbewußten Bilfinger. Noch ehe der 32jährige nach Rußland aufgebrochen war, starb diese russische kaiserliche Majestät, Zar Peter I., der ihn mit rund einem Dutzend weiterer Gelehrter aus dem Westen nach Petersburg engagiert hatte, Anfang 1725.

Peters Nachfolgerin, seine Witwe Katharina, bestätigte jedoch unverzüglich die Berufung samt den ausgehandelten Bedingungen, und Bilfinger zog nach Petersburg. 800 Rubel Gehalt erhielt er, freie Wohnung, Holz und Licht, 300 Reichstaler Reisegeld sowie 100 Taler für zwei Studenten, die ihn begleiten sollten. Diese Schüler Bilfingers waren Friedrich Christoph Mayer aus Kirchheim/Teck und Georg Wolfgang Krafft aus Tuttlingen, der als Mathematiker zunächst am Petersburger Gymnasium, dann an der Akademie rasch Karriere machen sollte.

Georg Bernhard Bilfinger, Konsistorialrat, Philosoph, Theologe
zu Tübingen, um 1750.

Bilfinger war der erste Tübinger Gelehrte, der zu jener Zeit nach Rußland ging, doch eine Reihe weiterer folgten ihm, so noch im selben Jahr 1725 ein Freund Bilfingers, der aus dem württembergischen Mömpelgard gebürtige Anatom Johann Georg Duvernoy, zwei Jahre später der vielleicht berühmteste Württemberger Gelehrte in St. Petersburg, Johann Georg Gmelin, von dem noch die Rede sein wird.

Im August 1725 traf Bilfinger nach beschwerlicher Reise in Petersburg ein. Über den Verlust seines gesamten Gepäcks mag ihn die Ehre, bei der kaiserlichen Familie »zum Handkuß zugelassen« zu werden, wenig hinweggetröstet haben. Er durfte die Kaiserin im Namen seiner Amtskollegen persönlich anreden und gestand ihr »unser höchstes Glück, daß wir die Werckzeuge seyn sollen, welche Gott und Euer Majestät ausgesondert haben, an einem Werck zu arbeiten, das durch unerschöpflichen Nutzen zum ewigen Nachruhm Deru glorwürdigster Regierung ohnfehlbar gedeyh wird«. Katharina verstand sogar genügend deutsch, um Bilfingers untertänig geschwungene Rede zu folgen. Sie stammte aus dem Litauischen und hatte in ihrer Jugend als Magd des lutherischen Propstes Glück im livländischen Marienburg gedient, war eine Zeltgenossin des russischen Feldmarschalls Scheremetev und Geliebte Menschikovs, des Jugendfreunds von Peter dem Großen, der sie von diesem als Mätresse sozusagen übernahm und schließlich zu seiner zweiten Ehefrau machte.

Enttäuschte Hoffnungen

Die Erwartungen und Hoffnungen, die Bilfinger für sein neues Leben in St. Petersburg gehegt haben mag, sind bald enttäuscht worden. An der Petersburger Akademie, wo er ohnehin meist mit Landsleuten zusammen war, wurden dieselben Ränke und Intrigen gesponnen wie unter den Tübinger Professoren, die Abhängigkeit der Gelehrten von der Gnade und Gunst derer, die bei Hofe das Sagen hatten, war bei den russischen Zaren nicht geringer als bei den Württemberger Herzögen. Darüber hinaus stand die Petersburger Akademie in den Jahren unmittelbar nach Zar Peters Tod alles andere als in der wissenschaftlichen Blüte ihrer Jahre. Und das Gehalt, mit dem Bilfinger in Rußland auskommen mußte, war auch nicht gerade fürstlich. Da er als Philosoph angeworben war, mußte er gemäß den noch unter dem naturwissenschaftlich orientierten Zar Peter ausgehandelten Konditionen mit we-

sentlich weniger Geld auskommen als etwa der ein Jahr nach ihm aus
Basel angeworbene Mathematiker Jakob Herrmann, der ein Jahresgehalt von 2 000 Rubeln einsteckte, also mehr als das Doppelte von Bilfinger! So war Bilfinger auf Nebeneinkünfte angewiesen, und er machte
sich mit zahlreichen Arbeiten in der Petersburger Geschäfts- und Ge-
lehrtenwelt nützlich. Sie sind zum Teil heute noch erhalten und reichen
in ihren Themen von der Astronomie, der Schwerkraft fallender Kör-
per über Barometer und Thermometer bis hin zur Anatomie der Ele-
fanten und den Wurzeln und Blüten der Zichorie. Bilfinger war sozusagen ein wissenschaftliches Universalgenie.

Die größte Anerkennung für seine Arbeiten kam aus Militärkrei-
sen, insbesondere von den Festungsbaumeistern, denen er auch nach
seiner Rückkehr nach Tübingen weiter durch seine Arbeiten zur Forti-
fikationslehre verbunden blieb. Noch im Jahr 1740 empfing er für seine
Verdienste als Festungsbaumeister ein ansehnliches Geldgeschenk aus
der kaiserlichen Schatulle.

Rückkehr nach Württemberg

Lange hat es Bilfinger nicht in St. Petersburg gehalten. Man war in der
Zwischenzeit auch in Württemberg darauf aufmerksam geworden, daß
man einen bedeutenden Gelehrten hatte nach Rußland ziehen lassen,
dessen Wissen und Forschungsergebnisse man auch im eigenen Land
gut gebrauchen könnte, und so forderte ihn Herzog Eberhard Ludwig,
auf Bilfinger durch Oberhofmarschall Grävenitz (den Bruder seiner
Mätresse Wilhelmine von Grävenitz) aufmerksam gemacht, auf, nach
Tübingen zurückzukehren. Die Petersburger Akademie ließ ihn nach
Ablauf der erforderlichen Fünfjahresfrist in Ehren ziehen, wohlverse-
hen mit einer Jahresrente und der Ehrenmitgliedschaft der Akademie.

Bilfinger gehörte nicht zu denjenigen Mitgliedern der Akademie,
die Freunde und einen geselligen Kreis anzuziehen vermochten. Sein
hochfahrendes Temperament war wenig geeignet, Heiterkeit und Frieden in einem durch Rivalität vergifteten Kollegenkreis auszustrahlen.
Seine endlosen Streitereien mit dem berühmten Mathematiker Daniel
Bernouilli, bei denen es in erbitterten Positionskämpfen um das Carte-
sische gegen das Newtonsche Weltbild ging und die gar von der Obrigkeit geschlichtet werden mußten, sein eifersüchtiges Wesen in wissenschaftlichen Angelegenheiten und sein unausgeglichenes Privatleben

ohne familiären Anhang machten ihn nicht gerade zum gerngesehenen Kollegen an der Akademie. Gesellige Atmosphäre konnte nicht einmal der Württemberger Wein verbreiten, der Bilfinger vom Tübinger Weinhändler Jakob Friedrich Metz im Oktober 1725 nachgeschickt wurde: immerhin »einen Flaschenkeller« voll mit 1718er Dürrenzimmerner, 1719er Mundelsheimer und 1724er Fellbacher und Roßwager! Das vom Weinhändler Metz erhoffte große Geschäft mit dem russischen Hof konnte der gelehrte Landsmann freilich nicht vermitteln.

Von russischem Geld ein Haus in Tübingen

Was Bilfinger bei seiner Rückkehr 1731 allerdings nach Tübingen vermittelte, das war eine detaillierte Beschreibung Petersburgs und seiner Besonderheiten: »Von den Merckwürdigkeiten der Stadt Petersburg« berichtete er als »ein Mitglied der rußisch-kayserlichen Gesellschaft der Wissenschaften bey Antretung seines öffentlichen Lehramtes in der Hohen-Fürstenschule zu Tübingen« am Geburtstag »des gnädigsten Fürsten und Herrn Eberhard Ludwigs Hertzogen von Württemberg und Teck etc., etc.« Diese »Antretung« seines Lehramtes wurde ihm nicht leichtgemacht, denn, so betonte der Oberhofprediger Tafinger noch in der Leichenrede an Bilfingers Grab, »die Mißgunst, welche ihn aus Tübingen ausgetrieben, wollte ihn nicht wieder hereinlassen: Aber der Hochselige Hertzog beharrte auf Dero Absicht«. Die Macht des »Hochseligen Hertzogs« reichte immerhin soweit, daß Bilfinger nicht nur zum Professor der Meßkünste und Naturwissenschaften am Collegium illustre in Tübingen bestellt wurde, sondern sogar ein Ordinariat für Theologie erhielt und es bis zum Rektor der Universität brachte, darum bemüht, »der Hohen Schule in Tübingen aus ihrer Schwachheit aufzuhelfen und sie von Müßiggängern, Gassenläufern, Händelmachern, Spielern und Trinkern« zu befreien.

Freunde Bilfingers argwöhnten schon damals, daß Tübingen auf die Dauer »zu enge vor seinen feurigen Trieb« sei, doch dieser baute sich in Tübingen bald ein eigenes Haus »gantz von rußischem Geld« und erholte sich »durch eine unschuldige Garten-Lust und Anlegung besonderer Weinberge«, »ohne eheliche Gehülfin« lebend.

Der Nachfolger Eberhard Ludwigs, Carl Alexander, bestellte Bilfinger 1734 als Geheimen Rat nach Stuttgart, und dieser, Anhänger Leibnizscher und Wolffscher Aufklärungsphilosophie, wirkte in der für Württemberg so wichtigen kirchlichen wie politischen Funktion als Konsistorialpräsident, aber auch einige Zeit als Berater, ja Erzieher des jungen Carl Eugen. Als einer der wichtigsten Anreger für die von Herzog Carl Eugen gegründete Militärakademie hat Bilfinger nicht nur seine Kenntnisse und Erfahrungen aus seiner Petersburger Zeit an der dortigen Akademie der Wissenschaften eingebracht, sondern auch ein Stück württembergische Bildungsgeschichte geschrieben.

Petersburger Kuriositäten

Seine Rechnung über eine mögliche Karriere, die er in Württemberg einschlagen könnte, war ganz offensichtlich aufgegangen. Bilfinger hatte seinen Einstand am Tübinger Collegium illustre geschickt eingefädelt: Er stellte sich alsbald mit einer theologischen Disputation und Polemik gegen den orthodoxen Metropoliten von Rjazan und gegen Murom Stefan Javorskij, welcher für eine unnachsichtige Bestrafung jeglicher Häresie eingetreten war. Was Bilfinger seinem illustren Publikum in seiner Antrittsrede in Tübingen von Rußland und St. Petersburg mitzuteilen hatte, wußte er durchaus spannend zu arrangieren, mit feinem Gespür für die Wirkung »curieuser Sachen«. Er wolle, so flocht er ein, »Lust gewähren«, »zur Liebe reizen« und »Vorurtheile nehmen, ohne daß es euch Leyd seye«.

Jungen Württembergern von Stand legte er wärmstens eine Bildungsreise nach St. Petersburg ans Herz, wo »als ein Meisterstück der rußischen Policey« die Sicherheit auf den Gassen besonders des Nachts zu rühmen sei. Er führte seine Hörer vor das kleine Holzhüttlein, des Zaren erste, bescheidene Behausung im neugegründeten St. Petersburg: »Auch der größeste Elefantencörper ist aus einem kaum sichtbaren Cörperlein entstanden: und das erste Leben eines Thieres fanget von einem hüpfenden Pünctlein an: von diesem aber gehet es aus, belebet alle übrigen Theile, und machet sie wachsen ... Ebenso war dieses Hüttlein das hüpfende Pünctlein der Stadt: aus diesem kam ihr Leben und Wachstum.«

Was der aufgeklärte Zar Peter für Rußland getan hatte, mußte in den Augen Bilfingers gut sein: Petersburg zu bauen war vernünftig, also gut. Über die zahlreichen Menschenopfer, die der Bau der Stadt in den Sümpfen der Neva gekostet hatte, ging der Redner hinweg. Ungefähr 150 000 Tote, die Unfallverletzungen, Krankheiten oder einfach der Auszehrung beim Frondienst und der Zwangsarbeit erlegen waren, hatte die Stadt bei ihrem Aufbau zu verzeichnen, bis sie wenigstens 70 000 Einwohner zählte! Selten ist eine Stadt mit so viel Blut und Tränen erbaut worden. Bilfinger jedoch hielt »die auf der Arbeit sterbenden Menschen für eine unglückselige Nothwendigkeit« und kommentierte, »daß man Menschen aufopfern muß, damit Menschen erhalten werden«.

Den Zuhörern aus den herzoglichen Hofkreisen mag es geschmeichelt haben, daß Bilfinger Rußland und Württemberg, Petersburg und Tübingen, Neva und Neckar, die kaiserliche Akademie und das herzogliche Collegium illustre mühelos verglich, ja die »Anlegung, Erbauung und Auszierung des Schlosses und der Stadt Ludwigsburg« mit dem verglich, was mit der Gründung Petersburgs seit 1703 geschah: »Hat Peter vom Kleinen ins Große gearbeitet, aus einem geringen Anfang eine Hauptstadt erbaut, und nach seinem Nahmen sie genennet, hat Er sie vor allen Städten in Rußland mit kostbaren und künstlichen Gebäuden, mit häufigen Einwohnern, mit prächtigen Kirchen, mit Reichs-, Raths-Häusern versehen und gezieret: so meyne ich dieses alles auf ähnliche Weise in Ludwigsburg zu sehen.«

Daß Bilfinger gelernt hatte, mit den jeweils Mächtigen klug und berechnend umzugehen, kam ihm in den schwierigen Jahren als Geheimer Rat und Konsistorialpräsident unter Carl Alexander zugute, und vielleicht liegt ein Körnchen Wahrheit in der Vermutung seines Biographen Jakob Friedrich Abel, der knapp vierzig Jahre nach dem Tod des 57 Jahre alt gewordenen Bilfinger im Jahre 1750 vermutete, daß seine »Wallfahrt nach Rußland« diesen berühmten »Weltweisen und Patrioten« befähigt habe, »einen Fürsten wie Carl Alexander zu ertragen«. In der Tat standen die absolutistischen Herrscher Württembergs, die Bilfinger erlebte, ihren »Kollegen« aus Rußland in nichts nach, was Willkür und Despotie anbelangte.

Johann Georg Gmelin

Berühmter als Bilfinger ist sein 16 Jahre jüngerer Landsmann Johann Georg Gmelin geworden, der vor allem durch seine Expeditionsreise nach Sibirien und die Veröffentlichung seiner Forschungsergebnisse Beachtung fand. Am 12. August 1709 wurde Johann Georg Gmelin in Tübingen geboren: als Sohn des Apothekers aus der Marktapotheke

IOANNES GEORGIVS GMELINVS

Medicinæ Doctor, ejusdemque ut et Botanicæ et Chemiæ Prof. P. Ord. in Acad. Tubing, nat. Tubingæ d. 12 Aug A°. 1709.

Die VIII

Johann Georg Gmelin (1709–1755) in russischer Tracht. Kupferstich um 1755. Der Sohn einer großen Tübinger Gelehrtenfamilie, später selbst Professor an der Tübinger Universität, unternahm im Auftrag des russischen Zarenhauses eine Expedition nach Sibirien. Nahezu zehn Jahre dauerte die abenteuerliche Reise.

der Universitätsstadt. Der Vater legte größten Wert auf eine gute Schulbildung seiner Kinder. Auch der zwei Jahre ältere Bruder Konrad wurde ein angesehener Apotheker und Arzt und machte sich ebenfalls mit wissenschaftlichen Veröffentlichungen einen Namen. Bereits im Alter von 13 Jahren nahm Johann Georg Gmelin 1722 sein Studium an der Universität in Tübingen auf und verteidigte 1727 bereits seine Dissertation im Fach Medizin: über die chemischen Bestandteile der Teinacher Mineralquelle. Direkt im Anschluß daran entschloß er sich, eine Reise nach Rußland zu unternehmen. Petersburg war so fremd nicht, kannte er doch einige Tübinger Universitätslehrer, die an der Akademie der Wissenschaften unterrichteten, u.a. Bilfinger und Duvernoy. Daß, wie der Tübinger Walter Jens es formulierte, die Petersburger Akademie der Wissenschaften zeitweise »fast wie eine Dependance von Tübingen wirkte«, traf damals ganz gewiß zu. Der deutsche Präsident der russischen Akademie erlaubte Gmelin zunächst, den Versammlungen und Disputationen der Akademiemitglieder beizuwohnen und die Bibliothek samt den wissenschaftlichen Sammlungen zu benutzen, 1728 verschaffte er ihm sogar ein Stipendium. Gmelin sollte es in späteren Jahren als Forscher und Lehrer »seiner« Petersburger Akademie mehr als zurückzahlen.

Expedition nach Sibirien

Seine Begabung scheint in Petersburg früh erkannt worden zu sein, denn als Gmelin 1729 verfrüht in seine Heimatstadt zurückkehren wollte, bot man ihm eine Stelle als ordentliches Mitglied der Akademie und hielt ihn so in Rußland. 1731 wurde er zum Professor der Chemie und Naturgeschichte ernannt, und schon zwei Jahre darauf ließ sich der junge Württemberger auf ein außerordentlich riskantes, doch überaus reizvolles Abenteuer ein: Zusammen mit zwei Kollegen aus der Akademie der Wissenschaften trat er auf Kosten der russischen Regierung eine schon vom verstorbenen Zaren Peter dem Großen erwünschte Forschungsreise nach Sibirien an. In erster Linie sollten die Grenzen Sibiriens näher bestimmt und erkundet werden, ob man um Sibirien herum nach Japan und China per Schiff gelangen könne.

Im August 1733 brach der 24jährige Gelehrte aus Tübingen auf ins Unbekannte, zusammen mit Gerhard Friedrich Müller, der sich um die »bürgerliche Geschichte« Sibiriens kümmern sollte, und Louis de l'Isle de la Croyere, welcher die »Erdbeschreibung« leisten sollte. Gmelin hatte die »Naturgeschichte« als Aufgabengebiet zugeteilt bekommen. Zur Expedition gehörten noch sechs Studenten, zwei Maler, zwei Jäger, zwei Bergknappen, vier Feldmesser und zum Schutz der Unternehmung zwölf Soldaten des Zaren samt Hauptmann und Trommelschläger.

»Als ich den Jenissej erreichte«, so berichtete Gmelin später, »hatte ich das Gefühl, Asien zu betreten. Bis in diese Gegend habe ich kaum irgendwelche Tiere gesehen, die nicht auch in Europa lebten, ... auch kaum andere Pflanzen und andere Erd- und Steinarten. Doch vom Jenissej östlich so gut wie südlich und nördlich zeigte sich ein ganz anderes Bild und, ich möchte fast sagen, lauter neue, frische Farben. Bergzüge oder Hügel traten vorher nur ganz vereinzelt auf, hier aber trug die Gegend ganz und gar Gebirgscharakter, und die Täler und Gefilde dazwischen waren so schön, daß sie wohl hinter keinem anderen Gebirge zurückstehen. Noch nirgends gesehene Tiere begegneten mir hier, wie das Moschustier und das Musimon der Alten (= ein Kurzschwanz-Schaf); gewisse Pflanzen, die in Europa ganz gewöhnlich sind, verschwanden hier, dagegen erschienen nach und nach neue, die ich in Europa nie beobachtete. Ferner war das Wasser so rein und klar, die Fische und Vögel zeigten ein so reines Fleisch und selbst die Lebensweise der eingeborenen Völker war so ganz anders, daß einem dies alles mit Macht den Eindruck eines vollständig neuen Gebietes aufnötigte.«

Neuneinhalb Jahre lang dauerte die beschwerliche Expedition, und sie erwies sich dank der Tatkraft, der hohen Qualifikation und Einsatzbereitschaft der Expeditionsteilnehmer und dem Durchhaltevermögen Gmelins nicht nur für den Zaren als außerordentlich erfolgreich, sondern vor allem für die verschiedensten Wissenschaftszweige als ergiebig und wegweisend. Nie zuvor war Sibirien so exakt erforscht worden, und bis heute bauen Wissenschaftler auf den Erkenntnissen Gmelins auf. Im vierbändigen Bericht der »Reise durch Sibirien vom Jahre 1733 bis 1743« finden sich nicht nur Schilderungen von vielerlei Begebenheiten und Gefahren, welche Gmelin und seine Reisegefährten bestehen mußten, von Niederlagen und Rückschlägen wie z.B. einem Brand, der fast alle Gerätschaften, Aufzeichnungen und Sammlungen der Gruppe vernichtete, oder dem Widerstand örtlicher Bürokratie, die sich etwa weigerte, Proviant für die Weiterreise zu liefern und die Forschungsreisenden auf jede erdenkliche Weise drangsalierte. Auch exakte Aufzeichnungen über die geographischen und physikali-

Dorflager (Aul) der Kundorovskijschen Tataren an der Achtuba. Die Hütten nach tatarischer und kalmückischer Art vermischt. Im Vordergrund sieht man geschlossene »Weiberkarren«, im Hintergrund Grabmäler der Nogaier.
In seinen »Bemerkungen auf einer Reise in die südlichen Statthalterschaften des Russischen Reiches in den Jahren 1793 und 1794« schildert Peter Simon Pallas (1741–1811) Land und Leute, ihre Sitten und Gebräuche. Pallas, ein persönlicher Freund von Samuel Gottlieb Gmelin, war ein berühmer Naturforscher und Professor für Naturgeschichte an der Petersburger Akademie der Wissenschaften. Anschaulich und sehr detailgetreu illustriert sind Pallas »Bemerkungen« durch zahlreiche Abbildungen wie die hier gezeigten in einem Kupferband zu den »Bemerkungen«. In den Süden des russischen Reiches hatten auch Samuel Gottlieb Gmelin seine Forschungsreisen in den siebziger Jahren des 18. Jahrhunderts geführt.

Oben links: »Vorstellung der krimisch-tatarischen Weibertracht. Zwei Weiber im besten Putze, wie sie zu Hause ohne Oberkleid erscheinen, die dritte mit dem Oberkleide und Schleier.« Oben rechts: »Vornehmer Tscherkesse und eine tscherkessische Fürstentocher.« Unten links: »Kalmückische Weiber- und Mädchentracht.« Unten rechts: »Gemeiner Kalmücke mit Kugelbüchse und Reitpeitsche, kalmückischer Pfaffe ›Gellong‹.«

schen Beschaffenhen des Landes, seltene Tiere und bisher unbekannte Pflanzen, über Lebensweise und Sitten der Bewohner Sibiriens, Bodenvorkommen und Bergwerke, den Handel und vieles andere mehr konnte die Expedition als Ergebnis vorweisen. Was diese Ergebnisse betraf, so konstatierte ein Geograph der Gruppe, habe »die Petersburger Akademie ... aber manche merkwürdige Nachricht nicht bekannt werden lassen«.

Gmelins großes wissenschaftliches Werk über die Forschungsergebnisse seiner Sibirien-Expedition trägt den Titel »Flora Sibirica Historia plantarum Sibiriae« und ist 1747 bis 1749 in der Gelehrtensprache Latein in zwei Teilen erschienen. Den dritten und vierten Teil gab Gmelins Neffe Samuel Gottlieb heraus, welcher Jahre nach seinem Onkel ebenfalls eine bedeutende Forschungsreise im Russischen Reich unternommen hat. Im ausführlichen Vorwort seiner »Flora Sibirica« gibt der Verfasser nicht nur eine kurze, hochinteressante »Naturgeschichte von Sibirien« zum besten, sondern es enthält auch die berühmt gewordene Bestimmung der Grenzen von Asien und Europa, die nach ihm von allen bedeutenden Geographen anerkannt und übernommen wurde.

In zehn Jahren hatten Gmelin und seine Begleiter mehr als 20 000 Kilometer zu Fuß, zu Pferd und im Boot zurückgelegt: durch Sümpfe, Wüsten, Steppen, Gebirge, über Flüsse und Seen hatte ihre Expedition sie geführt. Dankbarkeit für diese Leistung und die durchlebten Strapazen durfte er seitens der russischen Regierung dennoch nicht erwarten. Im Gegenteil, über ein Jahr lang ließ man ihn nach seiner Rückkehr ohne Gehalt, er sollte alle Aufzeichnungen, Bilder und Naturalien abliefern. Als er in seine württembergische Heimat zurückreisen wollte, versuchte man dies mit allen Mitteln zu verhindern, damit nur ja seine Forschungsergebnisse, besonders die detaillierten Angaben über unerschlossene Bodenschätze und Erzlagerstätten, im Ausland nicht bekannt würden.

Eine weitere »Geschichte Sibiriens« jener Zeit stammt gleichfalls von einem Württemberger, genauer gesagt einem reichsstädtischen Bürger aus Esslingen, J. Eberhard Fischer. Er hatte unter anderem als Adjutant der Petersburger Akademie im Jahr 1739 an der zweiten Behringschen Expedition teilgenommen und seine Erlebnisse und Forschungsergebnisse in Veröffentlichungen zugänglich gemacht.

Bei Gmelins Rückkehr nach St. Petersburg wurde neben der wissenschaftlichen Auswertung seiner Forschungsergebnisse die Lehre zu seiner wichtigsten Beschäftigung. Eine ganze Generation von Studenten prägte er als Professor für Naturgeschichte und Chemie. Er galt als einer der größten Pflanzenkenner seines Jahrhunderts. Ganz offensichtlich hatte er auch das Talent, sich und seiner Wissenschaft zu großer Popularität bei den Zeitgenossen zu verhelfen.

Erst im Sommer 1747 erhielt er von der Akademie die ersehnte Erlaubnis, seine Heimat Württemberg zu besuchen. Dort war man nicht faul und bot ihm kurzerhand eine attraktive Professur an der Tübinger Universität, die er nicht lange zögerte anzunehmen. Er blieb weiterhin Mitglied der Akademie der Wissenschaften, erhielt darüber hinaus die Mitgliedschaft in der Upsaler, Stockholmer und Göttinger Akademie der Wissenschaften. An der Tübinger Universität unterrichtete er Botanik und Chemie und als »der Fakultät ältester« Medizin. Wichtiger noch: Der Rußland-Erfahrene brachte ein Stück Weltläufigkeit in die enge Provinzialität der Universitätsstadt!

Dem Forscher aber bekam das ruhige geregelte Leben in Tübingen nicht gut. Möglicherweise war seine Gesundheit durch die Anstrengungen in Sibirien angegriffen, oder aber es verhielt sich so, wie ein Biograph mutmaßte: »allein durch sein vieles Sitzen in diesem Amte« an der Universität Tübingen sei er schwer erkrankt. 1755 wurde er von einem »hitzigen Fieber« ergriffen und starb noch im selben Jahr, im Alter von 46 Jahren.

Samuel Gottlieb Gmelin

In dem Jahr, in dem Johann Georg Gmelin von seiner Sibirien-Expedition glücklich nach St. Petersburg zurückkehrte, 1743, wurde in Tübingen sein Neffe Samuel Gottlieb geboren, der Sohn des älteren Bruders und Arztes Johann Konrad. Auch er studierte in seiner Heimatstadt und war schon mit zwanzig Jahren nicht nur »Doktor der Arzneygelehrsamkeit«, sondern durch die brillante Verteidigung seiner medizinischen Dissertation in Fachkreisen bekannt. Auch er schickte sich direkt im Anschluß an sein Studium an, eine Bildungsreise durch Frankreich und Holland zu unternehmen. Seine Arbeiten im Bereich der Naturgeschichte aus dieser Zeit, die ihn als einen großen Kenner der Materie auswiesen, fanden auch in St. Petersburg Beachtung, sicherlich nicht zuletzt aufgrund des bekannten Namens, der noch aus der Zeit seines Onkels Johann Georg Gmelin ein Begriff war.

In Geiselhaft beim Khan

Auch Samuel Gottlieb Gmelin wurde als Professor der Naturgeschichte an die Akademie berufen. Im Jahr 1767 beschloß die damalige Zarin Katharina die Große, die Provinzen ihres Reiches wissenschaftlich erforschen zu lassen, und zu den »mehreren dazu geschickten Männern und Gelehrten« zählte auch Samuel Gottlieb Gmelin, der das Gouvernement Astrachan erforschen sollte. Im Juni 1768 machte er sich mit einer kleinen Expeditionsmannschaft auf den Weg, im Jahr darauf bereiste er das Gebiet westlich des Don und verbrachte den Winter in Astrachan. In den Jahren 1770 und 1771 forschte er in den persischen Provinzen im Süden und Südwesten des Kaspischen Meeres. 1772 kehrte er nach Astrachan zurück, um gleich darauf wieder aufzubrechen und die Gegenden der südlichen Wolga zu erkunden.

Nachdem Gmelin 1773 auch den damals noch ungesicherten und daher als gefährlich geltenden Osten des Kaspischen Meeres, weit entfernt von russischem Reichsgebiet, bereist hatte, wurde er nach Rußland zurückberufen. Bis auf drei Tagesreisen war er der russischen Grenzfestung, dem sicheren Gebiet um Kisslar, nahe gekommen, als er mit seiner kleinen Expedition überfallen wurde und dem Khan Usmey in die Hände fiel. Er diente samt Ausrüstung und Forschungsergebnissen dem Khan als Geisel gegenüber der russischen Regierung. Sogar seine Feldapotheke hätte man ihm genommen, so seine Klage. Sechs Monate lang wurde Gmelin mißhandelt und unter unmenschlichen Bedingungen gefangengehalten. Die karge Nahrung, das ungesunde Klima setzten ihm derart zu, daß er schwer an der Ruhr erkrankte und mit dem Tode kämpfte. Man schickte ihm aus Kisslar von russischer Seite Lebensmittel, doch der Khan ließ sie ihm nicht zukommen. Er forderte von der Zarin 30 000 Rubel Lösegeld.

Katharina die Große gab daraufhin den Befehl, Samuel Gottlieb Gmelin mit Gewalt aus den Fängen des Khans zu befreien. Die Soldaten, die ihn retten sollten, wurden jedoch durch die Wirrnisse und Unruhen infolge des Pugatschevschen Aufstands behindert. Sie konnten ihre Befreiungsaktion nicht rechtzeitig durchführen, so daß der junge Gmelin am 27. Juli 1774 in Haft einsam und elend starb. 31 Jahre alt ist der verheißungsvolle Forscher geworden, und er mußte nicht nur fern seiner Heimat sterben, sondern wurde auch nur notdürftig begraben. Da der Geiselnehmer, Khan Usmey, nun kein Lösegeld mehr erhoffen konnte, gab er den Leichnam heraus, damit er in Kisslar begraben wür-

Zeichnung aus Samuel Gottlieb Gmelins »Reisebeschreibung«. Dargestellt ist der Fischfang in Astrachan vermittels Fischwehren.

de. Aber die Hitze nötigte seine russischen Begleiter, ihn am Fuße des Kaukasus, auf dem Weg nach Kisslar am Straßenrand zu begraben.

Katharina die Große bedauerte den Verlust dieses begabten Forschers und verlieh diesem Bedauern durch großzügige Gaben an die junge Witwe des Verstorbenen Ausdruck. Samuel Gottlieb Gmelin machte den Namen seiner Familie, aber auch seiner Heimat Württemberg durch seine wissenschaftlichen Arbeiten weit über die Grenzen Rußlands hinaus bekannt. Seine peinlich genauen Beobachtungen während seiner Reisen schrieb er in mehreren Werken nieder: »Reise von St. Petersburg bis Tscherkask«, »Reise von Tscherkask bis Astrachan«, »Reise durch das nördliche Persien« und »Reise von Astrachan nach Zerizyn«. Über die grauenvolle Haft und seine Krankheit aber konnte er keine Zeile mehr schreiben, weder in seine alte Heimat Württemberg noch in seine neue Wahlheimat St. Petersburg.

Grenzübergreifend: Philosophie und Literatur

Philosophie und Literatur gehören zu den Bereichen, in denen die Begegnung zwischen Deutschen und Russen besonders intensiv und produktiv war. Der »russische Geist« gilt ja als wahlverwandt mit dem deutschen, die russische Sprache als diejenige, in welche sich deutsche Literatur am besten übersetzen läßt. Umgekehrt scheint russischen Dichtern die deutsche Sprache besonders geeignet zur Übersetzung oder Nachdichtung russischer literarischer Texte.

Rußland war und ist zweifellos auch ein ideales Land für die Ideen deutscher Philosophen. In Puschkins Poem »Eugen Onegin« trägt der schwärmerische Lenskij, der in Göttingen studiert hat, begeistert das Gedankengut der Philosophie des Deutschen Idealismus in die russische Provinz. Lenskij, so heißt es da, »hatte eine echt göttingianische Seele ..., verehrte Kant und war ein Dichter. Aus dem nebligen Deutschland brachte er die Früchte der Gelehrsamkeit: freiheitsliebende Träume, einen ungestümen und ziemlich seltsamen Sinn, eine ständig enthusiastische Redeweise und schwarze Locken bis zu den Schultern«. (A. S. Puschkin »Evgenij Onegin«, Zweites Kapitel, VI)

Der oft als träumerisch, zur Kontemplation neigend beschriebene Russe schien eher prädestiniert, die groß angelegte begriffliche Dramaturgie eines Hegel in sich aufzunehmen als dem strengen Rationalismus französischer Denker anzuhängen.

Hegel und die russische Intelligentsia

»Als ich zu leben begann, war der Hegelianismus die Grundlage von allem; er schwebte in der Luft, kam in Zeitungs- und Zeitschriftenartikeln, in Novellen, in Abhandlungen, in der Kunst, in der Predigt, im Gespräch zum Ausdruck. Ein Mensch, der Hegel nicht kannte, hätte nicht mitreden dürfen. Alles stürzte sich auf ihn.« Wer da so sprach, war kein geringerer als Lev Tolstoj, und was da »in der Luft schwebte«, kam ursprünglich aus Stuttgart, der Geburtsstadt von Georg Wilhelm Friedrich Hegel. Was als Hegelianismus weit über ein Jahrhundert lang die großen russischen Dichter und Denker umtrieb, beunruhigte und beeinflußte, nahm seinen Ausgang im berühmten evangelischen Stift zu Tübingen, wo der junge Hegel zusammen mit Hölderlin und Schelling studierte, las, diskutierte, wo im gemeinsamen Zimmer und in so mancher Studentenkneipe – von württembergischem Weingeist beflügelt – der Hegelsche Weltgeist aufstieg. Es war im Tübinger Stift, wo Hegel von der Begeisterung für die Ideale der französischen Revolution angesteckt wurde, von Freiheit, Gleichheit, Brüderlichkeit: Gedanken, die die Studienkollegen aus dem württembergischen Mömpelgard, die »Franzosen«, mitgebracht hatten.

Hegel wurde noch zu Lebzeiten in Rußland berühmt, die russische Intelligentsia entdeckte ihn rasch und interpretierte seine Werke mit Blick auf ihre Zwecke: in der großen anklagenden sozialkritischen Literatur wie im politischen Kampf um den Sturz der zaristischen Herrschaft. Der Literaturkritiker, Publizist und politische Oppositionelle Belinskij, der eine ganze Generation russischer Dichter beeinflußte, von Puschkin, Dostoevskij, Gogol bis hin zu Leskov und Nekrasov, war nicht nur ein großer Hegel-Verehrer, sondern derjenige, der die Hegelsche Philosophie bei den russischen Intellektuellen, aber auch in breiten Kreisen der russischen Gesellschaft bekannt, ja geradezu populär machte. Daß Belinskij nicht einmal deutsch konnte und Hegels Werk nur aus mündlichen Übersetzungen einzelner Texte durch seinen Jugendfreund Bakunin kennengelernt hatte, schien der Wirkung keinen Abbruch zu tun. Zwar bereitete ihm, dem radikalen Publizisten, der berühmte Satz über die Vernünftigkeit alles Wirklichen Schwierigkeiten, steckte darin doch eine Rechtfertigung des Bestehenden, auch der bestehenden Herrschaftsverhältnisse. Doch blieb seit Belinskijs Hegelrezeption der russische Hegelianismus (von Anfang an) revolutionär eingestellt. Auf die Rezeption von Hegels Philosophie bei Vladimir Iljitsch Lenin soll hier nicht eingegangen werden, die kontroversen Interpretationen und Diskussionen ganzer Generationen von Wissenschaftlern darüber legen jedoch allein schon Zeugnis ab von der Bedeutung dieses Philosophen aus Württemberg für die russische Geistesgeschichte, Politik und Gesellschaft.

Schellings Einfluß in Rußland

Auch Hegels Landsmann Schelling sollte für die russische Geistesgeschichte von großer Bedeutung sein. Als einen »Kolumbus der Seele« pries Fürst Vladimir Odoevskij den Philosophen. Nun tritt die Psychologie als Wissenschaft ja erst wesentlich später in Erscheinung, doch finden sich bei Schelling interessanterweise viele Begriffe, die im Rahmen der Psychoanalyse zentrale Bedeutung gewinnen sollten: Verdrängung, Hemmung, Unbewußtes usf. Vor allem die um 1800 geborene Generation gebildeter Russen wurde von Schellingschem Gedankengut wie von der romantischen Philosophie überhaupt stark beeinflußt. Im engeren Sinne trifft dies auf jenen Kreis geistig interessierter Menschen, die sich zu philosophischer Lektüre und Diskussion trafen und sich »Ljubomudrye«, also »Weisheitsliebende«, nannten. Auch die für die russische Geistesgeschichte so wichtigen »Slavophilen«, die davon überzeugt waren, daß Rußland seinen eigenen, von dem des Westens verschiedenen historischen Weg gehen müsse und für die die nachpetrinische Entwicklung, die Öffnung gen Westen, eine Abweichung von diesem eigenen Weg bedeutete, diese »Slavophilen« standen den Ideen Hegels und Schellings sehr nahe. Man kann bei ihnen eine innere Verwandtschaft zur Geschichts- und Staatsphilosophie Hegels, mehr noch der deutschen Romantik beobachten. Einer der bedeutenden Protagonisten des Slavophilentums hatte in Berlin und München Hegel und Schelling gehört und war in seinen frühen Jahren ein begeisterter Anhänger Schellings.

   Auch in Dostoevskijs dichterischem Werk ist eine intensive Auseinandersetzung mit Schellings Philosophie zu spüren. Vergegenwärtigt man sich die vielschichtigen Gestalten in seinen Romanen mit ihrer komplexen Psychologie, so wird leicht nachvollziehbar, wie sehr Schelling den russischen Dichter fasziniert hat, waren die Seele, das Gemüt, der Wahnsinn doch beiden zentrale Themen. Mit Hegels Weltanschauung hatte sich Dostoevskij nicht nur während seiner jungen

Jahre, in denen er dem revolutionären Petraschevskij-Kreis angehörte, auseinandergesetzt, sondern er hatte in den Jahren seiner Verbannung nach Sibirien ursprünglich sogar vor, Hegel ins Russische zu übersetzen.

Vor allem bei den Philosophen und Dichtern des Symbolismus sind Einflüsse von Schellings »Weltseele« unverkennbar. So ist Sophia, die »Göttliche Mutter der Weisheit«, die im Werk von Vladimir Solovev und Sergej Nikolaevitsch Bulgakov eine wesentliche Rolle spielt, unverkennbar von Schellings »Weltseele« beeinflußt.

Alexander Herzen

Nicht weit vom Geburtshaus Hegels in der Stuttgarter Eberhardstraße ist die Mutter eines großen russischen Schriftstellers, Philosophen, Publizisten und revolutionären Demokraten aufgewachsen: Alexander Herzen. Sein Vater Ivan Jakovlev war ein reicher Gutsbesitzer aus altem russischem Adel. Nach vieljährigem Auslandsaufenthalt kehrte er fünfzigjährig mit der jungen Luise Haag nach Rußland zurück. Luise Haag war eine Bäckerstochter aus Stuttgart, aufgewachsen in der Eberhardstraße. Gebildet und neugierig, aufgeschlossen der Welt gegenüber, hatte sie ihren Lebensunterhalt als Lehrerin und Gouvernante verdient und dabei die Aufmerksamkeit des russischen Adligen erregt.

Illegitimes Herzensbündnis einer Stuttgarterin

In Moskau wurde den beiden 1812 der Sohn Alexander geboren. Als illegitimer Sohn Jakovlevs, noch dazu mit einer nicht standesgemäßen Deutschen, konnte er den väterlichen Namen nicht tragen. Da die Eltern den Sohn auch nicht mit einem unbekannten deutschen Namen belasten wollten, gaben sie ihm – ganz in romantischer Manier – den Nachnamen Herzen, russisch Gerzen. Alexander Herzen stammte also aus einem freien Liebesverhältnis, war das Kind eines Herzensbündnisses. Auf die Seite der Freiheit sollte er, der eine hervorragende Ausbildung und Erziehung in Rußland genoß, dann auch zeitlebens stehen. Der deutschen Literatur und Philosophie war er, der als kleines Kind Deutsch so gut wie Russisch sprach und nicht nur eine deutsche Mutter, sondern auch eine deutsche Erzieherin hatte, in besonderer

Weise zugeneigt. Als junger Mann war Alexander Herzen vor allem von Schiller begeistert, später von Goethe und Heine. An der Universität war Hegel sein Abgott. »Ich glaube sogar, daß der Mensch, der die Phänomenologie Hegels nicht erlebt hat, unvollständig und unmodern ist«, schrieb er. Seine ersten Veröffentlichungen waren philosophische Kommentare zu Hegel.

Bekannt wurde er über Rußlands Grenzen hinaus durch seinen Roman »Kto vinovat?«, der 1841 bis 1846 erschien. Der Roman, zu deutsch »Wer ist schuld?«, entwirft ein umfassendes Bild der zeitgenössischen russischen Gesellschaft. Die Protagonisten, die sich in Tagebuchaufzeichnungen oder Briefen selbst charakterisieren, erscheinen als Produkte ihrer Umwelt, ihre Verhaltensweisen durch die jeweiligen Lebensumstände, Herkunft, Erziehung, Bildung, Milieu bedingt. Die eigentliche Handlung ist eine nach dem Geschmack der Zeit empfindsame, jedoch ironisierte Liebes- und Ehegeschichte. Schuld an deren tragischem Verlauf hat allein die Gesellschaft, die jegliches geistig fruchtbare Leben im Keim erstickt und Menschen hervorbringt, die sich mangels sinnvoller Arbeit respektive Aufgabe in Liebestragödien verstricken und sich wie andere in den Untergang treiben. Als Gesellschaftskritiker steht Herzen mit der Darstellung des »Lischnij Tschelovek«, des »überflüssigen Menschen«, in der Tradition Gribojedovs, Puschkins und Lermontovs. »Kto vinovat?« gilt als eines der ersten Beispiele einer sogenannten Anklageliteratur, dem viele folgen sollten, unter anderem auch Gontscharovs »Oblomov«, und Turgenevs »Adelsnest«.

Emigration in den Westen

Als Mitglied einer freisinnigen Studentengruppe der Moskauer Universität wurde Herzen, der auch unter dem Pseudonym Iskander schrieb, zweimal aus Moskau verwiesen, von 1834 bis 1840 in den fernen Provinzort Perm und 1841 bis 1842 in den näher gelegenen Provinzort Novgorod. Das scheint ihn jedoch in seiner kritischen Einstellung der russischen Gesellschaft gegenüber und dem Drang, darüber zu schreiben, eher bestärkt denn entmutigt zu haben. Ab 1847 lebte Herzen ein knappes Vierteljahrhundert in der Emigration in Westeuropa, viele Jahre in England, wo er die nicht nur in russischen Emigrantenkreisen, sondern auch bei der in Rußland lebenden Intelligentsia bedeutende Emigrantenzeitschrift »Kolokol«, die »Glocke«, seit 1857 herausgab. Die geistige Verbindung zur russischen Heimat riß auch in dieser Zeit niemals ab. Er prägte Generationen russischer Revolutionäre, »weckte sie durch sein freies Wort aus dem jahrhundertelangen Schlaf«. Zugleich war er aber im geistigen und politischen Leben Westeuropas zu Hause.

Herzen beherrschte viele Fremdsprachen, war überaus temperamentvoll und besaß die seltene Gabe, sich schnell mit Menschen anzufreunden. All das trug in hohem Maße dazu bei, daß er enge, zum Teil freundschaftliche Beziehungen zu vielen bekannten Persönlichkeiten unterhielt: zu Proudhon, Herwegh, Mazzini, Fröbel, Orsini und anderen. Interessant ist, daß sich der italienische bürgerlich-demokratische Revolutionär Giuseppe Mazzini 1849 gerade an Herzen mit der Bitte wandte, zur Schaffung einer europäischen revolutionären Partei beizutragen: »Sie haben doch Bekannte in Deutschland. Beginnen Sie, diese zu vereinigen.«

Mit großem Einfühlungsvermögen beobachtete Herzen die Entwicklung der europäischen Sozialpolitik. Aufmerksam verfolgte er den langjährigen Kampf der Polen für ihre Unabhängigkeit ebenso wie den nationalen Befreiungskampf in Italien unter Mazzini und Giuseppe Garibaldi. In London lernte er den deutschen Freiheitsdichter Ferdinand Freiligrath kennen, der bald darauf nach Stuttgart-Bad Cannstatt ziehen sollte, wo er, hoch verehrt in gebildeten Stuttgarter Kreisen und literarischen Zirkeln, bis zu seinem Tode lebte. Begraben ist er auf dem Cannstatter Uffkirchhof. Man kann gewiß sein, daß Freiligrath das literarische Werk wie das freiheitliche Gedankengut des russischen Sohnes der Stuttgarterin Luise Haag ins heimische Stuttgart mitbrachte, ihm hier zu neuer Bekanntheit verhalf.

Schwere Schicksalsschläge

Luise Haag sollte von der Berühmtheit und dem Erfolg ihres Sohnes nur wenig erleben. Als Alexander Herzen 1847 mit seiner Frau und den Kindern in den Westen ausreisen durfte, folgte seine Mutter der Familie zusammen mit dem jüngsten Enkelkind nach. 1851 kam sie mit dem taubstummen Enkelsöhnchen bei einem Schiffsunglück vor Nizza um.

Dem Verlust von Mutter und Sohn sollte bald ein weiterer Schicksalsschlag folgen. Alexander Herzen war eng befreundet mit dem 1817 in Stuttgart geborenen Georg Herwegh, der sich später zum »Jungen Deutschland« bekannte, einer Gruppe freiheitlich gesinnter Schriftsteller, denen das Schreiben Mittel zum Zweck politischer und sozialer Befreiung war. Herwegh mag dem Freund vom Stuttgarter literarischen Leben erzählt haben oder von seiner Zeit am Tübinger Stift, aus dem er 1836 ausgewiesen worden war. 1841 erschien der erste Band der »Gedichte eines Lebendigen«, die Herwegh über Nacht berühmt machten als politischen Dichter. Daß ausgerechnet der Freund Herwegh ein Verhältnis mit seiner Frau Natalja anfing, traf Alexander Herzen besonders hart. Das Verhältnis dauerte beinahe zwei Jahre und wurde seitens Herweghs mit großer Leidenschaft betrieben. Als er erfuhr, daß Natalja ein Kind von ihrem Ehemann erwartete, forderte er Herzen kurzerhand zum Duell. Dem tragischen Dreiecksverhältnis setzte schließlich der plötzliche Tod Nataljas ein Ende.

Alexander Herzen lebte noch bis zum Jahr 1870. Als Publizist setzte er sich immer wieder intensiv mit den Verhältnissen in Deutschland auseinander. Hatte Deutschland im 18. und 19. Jahrhundert eine »umfassende und große Kunst« hervorgebracht, eine einzigartige Kultur, so schien ihm diese deutsche Kultur zur »Stubenkultur« verkommen, für die »die Vernachlässigung von praktischen Bereichen« symptomatisch sei. Daher fühlte er sich besonders von jenen Erscheinungen angezogen, die eine praktische, eine soziale Ausrichtung hatten. Große Wertschätzung brachte er dem Werk Georg Forsters entgegen, über den er schrieb: »Eine erstaunliche Natur: allseitige Humanität, flammender Wunsch nach praktischer Tätigkeit und große Energie – das sind Merkmale, die ihn von den Deutschen jener Zeit auffallend unterscheiden.« (Dieser Georg Forster war übrigens mit der Schriftstellerin Therese Huber verheiratet, die 1816 in Stuttgart Chefredakteurin von Cottas »Morgenblatt für gebildete Stände« wurde und diese verantwortungsvolle Tätigkeit fast neun Jahre lang mit großem Erfolg ausführte!)

Erlebtes und Gedachtes

Die Revolution 1848, das politische Aufbegehren in Deutschland weckte in Herzen die Hoffnung, daß nun auch das verschlafene »Stubendeutschland« in eine neue Periode trete, in eine Periode politischer und sozialer Umgestaltungen. Deutsche Lande waren das erste westeuropäische Terrain, das Herzen erlebte, nachdem er 1847 die russische Grenze passiert hatte. Hier wurden Herzens Arbeiten zuerst übersetzt, so u.a. seine gesellschaftskritische Novelle »Dr. Krupov« und die Erzählung »Die diebische Elster«. Die in Westeuropa gesammelten Eindrücke schrieb er (in deutscher Sprache) in der Aufsatzsammlung »Vom anderen Ufer« (1851) nieder, in der er klarer als irgend jemand vor ihm die Möglichkeit eines Übergangs von der bürgerlichen zu einer sozialistischen Gesellschaft formulierte.

In seinen berühmten Lebenserinnerungen »Byloje i dumy«, »Erlebtes und Gedachtes«, setzte er dem Rußland des Zaren Nikolaus I. und dem gärenden Westeuropa jener Zeit, das er in enger Verbindung mit großen und kleinen Revolutionsführern erlebt hatte, ein reich facettiertes literarisches Denkmal, schenkte der Nachwelt in diesen Erinnerungen aber zugleich eines der offenherzigsten und schönsten Bekenntnisse der Weltliteratur. Die Zeit vom Jahr seiner Geburt 1812 bis in die Mitte der 1850er Jahre, vom Brand Moskaus bis zum Ende der Herrschaft Zar Nikolaus I., zieht in einem bunten kaleidoskopischen Reigen am Auge des Lesers vorüber. Schilderungen historischer und alltäglicher Ereignisse, boshafte, aber meisterhaft getroffene Portraits, schnell und treffsicher zu Papier gebrachte Skizzen europäischer Berühmtheiten, tausend lustige oder traurige Anekdoten, verblüffend scharfe Momentaufnahmen der Hauptstädte Europas, Genrebilder aus Kneipen und Straßen, Hotels und Privatwohnungen, von großen Abendessen und vertrauten Zusammenkünften findet man in diesem Werk. Bei der Verbreitung von Herzens Ideen spielte die in Stuttgart erscheinende »Deutsche Monatsschrift für Politik, Wissenschaft, Kunst und Leben« eine besonders große Rolle.

Kritik am Deutschen in der russischen Literatur des 19. Jahrhunderts

Wie die deutsche Mystik für die russische Philosophie eine bedeutende Rolle gespielt hat – man denke nur an den mittelalterlichen deutschen Mystiker Jakob Böhme und den russischen Religionsphilosophen Nikolaj Berdjaev –, so ist auch die Auseinandersetzung zwischen der deutschen und der russischen Literatur groß und wird über Jahrhunderte hinweg immer wieder thematisiert; auf russischer Seite allerdings stärker als umgekehrt in der deutschen Literatur. Gerade in der russischen Literatur zeichnet sich ein Bild vom Deutschen ab, das nachhaltig gegenseitige Urteile und Vorurteile bestimmte, ja festschrieb, die auch im Rahmen des Themas »Württemberg und Rußland« immer wieder aufleuchten.

Die russische Kritik am »deutschen Menschen«, wie sie in der Literatur zum Ausdruck kommt, ist zunächst religiöser Art. In der berühmten Nestor-Chronik über die Taufe Rußlands wird berichtet, daß Gesandte, die Großfürst Vladimir von Kiew nach Deutschland gesandt hatte, um deren Religion zu erkunden, nach ihrer Rückkehr folgendes berichteten: »Wir kamen zu den Deutschen und sahen, wie sie viele Gottesdienste hielten in den Kirchen, aber Schönheit sahen wir nicht darin.« Bekanntlich entschied sich Vladimir für das byzantinische Christentum und ließ sein Volk im Jahr 988 taufen. Die kirchlichen Spannungen zwischen dem östlichen (orthodoxen) und dem westlichen (römisch-katholischen) Christentum traten im Schisma 1054 in offenem Gegensatz zutage: Die Deutschen gehörten danach zum »lateinischen Glauben« oder zur »lateinischen Torheit«, zum westlichen, lateinisch-römischen Christentum. »Voll von Verderben ist ihr Glaube« und »Du Kind, hüte Dich vor den Falschgläubigen und ihren Werken«, so wird in kirchlichen Texten vor den Deutschen gewarnt.

Zur Zeit der Reformation wurden die Anhänger der Reformation mit Verwunderung betrachtet: Die nüchtern-didaktische Frömmigkeit der protestantischen Deutschen, ihre Bilderfeindlichkeit, die Ablehnung der Verehrung der Mutter Gottes, des heiligen Kultes, die angebliche »Lässigkeit« ihres Gottesdienstes war den Russen zutiefst fremd und unverständlich. »Luthers falsche Lehren haben die Deutschen nur angenommen, weil sie das enthaltsame Leben haßten. Sie essen alle Tage Fleisch, sie beten im Sitzen, ihrem verzertelten Fleisch zu gefallen und aus übergroßem Stolz setzen sie sich in Sessel wie in der Kneipe, wenn sie Messe hören und gehen in ihre Kirchen in Mützen, Hüten und Perücken«, so empört sich ein russischer Reisender um 1700 über die Deutschen, die ihren Gottesdienst nicht wie die russisch-orthodoxen Gläubigen im Stehen feierten. Nur um Reichtum und Herrlichkeit auf dieser Welt sei es ihnen zu tun, Askese sei ihnen fremd.

Neid und Bewunderung

Ähnliche Vorwürfe, wie sie im Mittelalter in Rußland gegen die Deutschen erhoben wurden, machten slavophile Philosophen oder Dichter der Neuzeit wie Berdjaev. Die Deutschen seien Menschen dieser Welt und verstünden es trefflich, sich auf ihr einzurichten, aber es fehle ihnen der Drang zur totalen Wandlung dieser Welt, es fehle ihnen eine »eschatologische Unruhe«. Bereitwillig anerkannt wurde dagegen schon früh das, was man heute als technische Überlegenheit bezeichnen würde. So berichtete ein russischer Reisender 1438 über die Stadt Lübeck: »... und von jeglichen Waren war die Stadt voll. Und das Wasser, zu ihr geleitet, läuft durch alle Straßen in Röhren, und an manchen Stellen strömt es aus Säulen heraus, kalt und süß.« Voll Staunen beschreibt er dann ein »unbegreifliches und unsagbares Kunstwerk – eine Spieluhr an der Lübecker Marienkirche. In Nürnberg sind die Wasserleitungen und die Brunnen kunstvoller als in allen zuvor beschriebenen Städten, darüber etwas zu sagen und sich vorzustellen, ist ganz und gar unmöglich.« Was die Organisation von Handel und Wandel, technische Errungenschaften wie Straßenkanalisation und Wasserleitungssysteme o.ä. anbelangt, wird neidlos anerkannt, ja gelobt, wennschon das Prahlen, der Hochmut ob solcher Fortschrittlichkeit als unangenehm empfunden wird.

Mehr als in anderen Jahrhunderten thematisiert die russische Literatur des 19. Jahrhunderts die Kritik am Deutschen. Mit viel Witz und Ironie hat Dostoevskij die russische Abneigung gegen deutsche Überheblichkeit geschildert, besonders in den »Winterlichen Bemerkungen über eine Sommerreise« aus dem Jahr 1863. Da heißt es über eine neue Rheinbrücke in Köln: »Die Brücke ist natürlich hervorragend und die Stadt ist mit Recht stolz auf sie, aber mir schien es, als sei sie schon gar zu stolz. Natürlich wurde ich darüber sofort wütend. Außerdem aber hätte der Kassierer am Eingang zur Wunderbrücke nur diese vernünftige Steuer nicht mit einem solchen Gesicht abnehmen sollen, als müsse ich Strafe für ein mir unbekanntes Vergehen bezahlen. Ich weiß nicht, ob es so war, aber mir schien, als werfe der Deutsche sich besonders in die Brust. Gewiß hat er erraten, daß ich ein Ausländer bin, und zwar gerade ein Russe. Mindestens seine Augen schienen zu sagen: ›Da siehst Du unsere Brücke, Du elender Russe, Du bist ein Wurm vor unserer Brücke, und überhaupt vor dem deutschen Menschen, denn Du hast so eine Brücke nicht.‹ Sie müssen zugeben, daß dies beleidigend ist. Natürlich hat der Deutsche das überhaupt nicht gesagt, aber das war ganz gleich. Ich war damals so davon überzeugt, daß er eben dies sagen wolle, daß ich endgültig aufbrauste. ›Hol Dich der Teufel‹, dachte ich, ›wir haben auch was erfunden – den Samowar ... bei uns gibt es Journale, bei uns wird Offizierskleidung hergestellt, bei uns ...‹, mit einem Wort, ich wurde wütend, kaufte eine Flasche Eau de Collogne und fuhr unverzüglich weiter nach Paris.«

Dostoevskijs Deutsche repräsentieren immer wieder den gleichen Typ. Den Mief, die Atmosphäre selbstgewisser, hochmütiger und zugleich übertrieben rechtschaffener und ehrenhafter Bürgerlichkeit nimmt er auch im Roman »Der Spieler« (1867) aufs Korn. Der Held des Romans sieht sich im Hessenlande um und kommt dabei zu dem Schluß, lieber sein Leben lang mit den Kirgisen herumzuziehen als nach deutscher Art Reichtum zu sammeln: »Bei Gott, solche Tugenden will ich gar nicht haben! Eine ganze Familie arbeitet in patriarchalischem Gehorsam gegenüber dem Vater. Hauptgrundsatz der Wirtschaftsführung ist, daß das Geld zusammenbleibt. Darum bekommt die Tochter keine Aussteuer und muß als alte Jungfer sterben, und der jüngere Sohn wird Knecht oder muß unter die Soldaten. Und das alles geschieht aus Rechtschaffenheit, und sogar der verkaufte jüngere Sohn glaubt daran, daß man ihn aus lauter Rechenschaft verkauft. Aber auch der älteste Sohn hat es nicht besser. Er liebt sein Amalchen, aber heiraten dürfen sie erst nach zwanzig Jahren, wenn genügend Geld zusammengespart und Amalchens Busen verwelkt ist. Aber der Sohn wird genauso tugendhaft und rechenschaft, und so geht es durch fünf oder sechs Generationen und dann ›ist ein Baron Rothschild da oder ein Hoppe & Co. oder weiß der Teufel wer‹. Ist das nicht ein erhabenes Schauspiel? Hundert- oder zweihundertjährige Arbeit ganzer Generationen, Geduld, Verstand, Rechtschaffenheit, Charakterfestigkeit, Energie, Berechnung und – ein Storch auf dem Dache! Was will man mehr, denn etwas höheres gibt es ja nicht, und von diesem Standpunkt aus wollen sie selbst die ganze Welt beurteilen und die Schuldigen, das heißt diejenigen, die anders sind als sie, verdammen. Nein, ich möchte lieber auf russische Art übel leben oder durch Roulette reich werden.«

Pedantische Deutsche – »liederliche« Russen

In fast klassischer Weise hat auch Gogol in der Erzählung »Nevskij Prospekt« 1834 den Typ des sparsamen, akkuraten, ehrlichen, auf den »liederlichen Russen« herabsehenden deutschen Kleinbürgers dargestellt in der Gestalt des Klempnermeisters Schiller von St. Petersburg. »Ich halte es nicht für überflüssig«, so schreibt Gogol, »den Leser etwas näher mit Schiller bekannt zu machen. Schiller war ein vollkommener Deutscher, im vollen Sinn dieses Wortes. Schon mit zwanzig Jahren, in jenem glücklichen Alter, wo der Russe noch freiweg dahinlebt, hatte Schiller sein Leben ausgezirkelt, und davon machte er nun in keinem Falle auch nur die geringste Ausnahme. Er hatte beschlossen, jeden Tag um sieben Uhr aufzustehen, um zwei Uhr zu Mittag zu essen, in allem pünktlich und an jedem Sonntag betrunken zu sein. Er hatte beschlossen, sich im Lauf von zehn Jahren ein Kapital von 15 000 zusammenzubringen, und das war nun schon so gewiß und unabweisbar wie das Schicksal, denn eher wird ein Beamter vergessen, zuerst in die Portierloge zu schauen, wenn er zu seinem Vorgesetzten kommt, als daß ein Deutscher sich entschließen könnte, umzustoßen, was er einmal gesagt hat. In keinem Fall vergrößerte er seine Ausgaben, und wenn der Kartoffelpreis einmal allzusehr stieg, so fügte er auch nicht eine Kopeke hinzu, sondern setzte die Quantität herab, und wenn er auch manchmal etwas hungrig blieb, so gewöhnte er sich doch bald daran. In seiner Akkuratheit ging er so weit, daß er beschloß, sein Weib nicht mehr als zweimal am Tag zu küssen, und um sie ja nicht einmal mehr zu küssen, tat er nie mehr als einen Teelöffel voll Pfeffer in die Suppe. Übrigens wurde diese Regel am Sonntag nicht so streng eingehalten, weil Schiller da zwei Flaschen Bier und eine Flasche Kümmel-Wodka trank, auf den er jedoch immer schimpfte ... So war der Charakter des edlen Schiller.«

Der Dichter Friedrich Schiller war zu Gogols Zeiten der in Rußland am meisten gelesene und verehrte deutsche Schriftsteller. Durch den Kontrast zwischen der Größe dieses Dichters und dem platten Spießertum seines Petersburger Namensvetters erreicht Gogol einen komischen Effekt und läßt anklingen, was von anderen russischen Kritikern seiner Zeit klar ausgesprochen wurde. Daß Deutschland gleichsam zwei Gesichter habe: Idealismus und Romantik auf der einen, eine triviale Wirklichkeit von Bürgertum und Krämerseelen auf der anderen Seite. Schaut man in den literarischen Spiegel der russischen Kritik, so begegnet man immer wieder ähnlichen Klischees, die nicht zuletzt aus dem Bild der seit dem 16. Jahrhundert in Rußland ansässigen Deutschen gespeist wurden: der deutschen Ärzte, Handwerker und Kaufleute, Bauern, Soldaten und Beamten in den deutschen Vierteln von Moskau oder Petersburg. Der sprichwörtlichen Geschicklichkeit, dem Fleiß, der Sparsamkeit, der Solidität ihrer Arbeit konnte man die Bewunderung nicht versagen, aber die damit verbundene Pedanterie, die Überheblichkeit des »tüchtigen Deutschen« wirkte abstoßend und lächerlich.

Liebe nach Plan

Positiver hat Gontscharov den strebsamen Deutschen in seinem Roman »Oblomov« (1857/58) dargestellt in der Gestalt des alten Stolz. Dessen russische Frau allerdings beurteilt ihren Mann und sein Volk so: »Die ganze deutsche Nation betrachtete sie als einen Haufen patentierter Spießbürger. Sie liebte nicht die Großtuerei, mit der die meisten Deutschen stets ihre in tausendjähriger Geschichte erworbenen bürgerlichen Rechte hervorkehrten. Sie fand im deutschen Charakter nichts von Nachgiebigkeit, Geschmeidigkeit, Takt, Nachsicht, keine Fähigkeit, einmal eine Regel zu umgehen, einen allgemeinen Brauch zu verletzen, sich einer Ordnung nicht zu fügen ... Nein, immer mit der Stirn durch die Wand, aber es muß nach Regeln gehen ... Selbst ihr Liebes- und Eheleben beziehen sie in die Planung mit ein.«

Tolstoj schildert in »Krieg und Frieden« aus den 1860er Jahren den Deutschen Berg akkurat bis zur Pedanterie, strebsam bis zur Streberhaftigkeit. Auch die Eheschließung muß der Karriere dienen. Berg sucht sich seine Frau aus Kreisen des Hochadels, die ihm seiner Herkunft nach eigentlich verschlossen sind. Er wählt jedoch den Zeitpunkt seiner Werbung geschickt. Wartet, bis sein Rang hoch genug und seine Auserwählte in ein Alter gekommen ist, in dem sie schon befürchten muß, daß sich kein Bewerber mehr einstellt. Der junge Gatte legt ihr seine Prinzipien der Tugend vor, küßt der Angebeteten die Hand, »aber auf dem Weg zu ihr schlug er eine Ecke des Teppichs zurück, die sich umgeschlagen hatte. Berg erhob sich, und indem er seine Frau vorsichtig umarmte, um die Spitzenpelerine, für die er so viel Geld bezahlt hatte, nicht zu zerknüllen, küßte er sie mitten auf den Mund. ›Kinder dürfen wir nicht so bald haben‹, sagte er in einer ihm selbst unbewußten Ideenassoziation.«

Karikaturhaft übertrieben wird das Motiv »Liebe nach Plan« auch bei Leskov in der Erzählung »Der eiserne Wille«. Im Mittelpunkt steht ein deutscher Ingenieur, der in Rußland mit Akkuratesse und Willensstärke 3 000 Taler zusammenspart, um seine Klara heiraten zu können. Soweit ganz romantisch. Nach drei langen Jahren macht sich er sich selbständig und feiert ein großes Fest. Er erklärt seinen verdutzten Freunden, Anlaß sei nicht die Geschäftsgründung, sondern die Hochzeit: »Klara und ich hatten so abgemacht, daß wir uns trauen lassen, sobald ich die dreitausend Taler zusammenhatte. Verstehen Sie: nur die Trauung und nichts weiter. Aber wenn ich mich selbständig machen würde, dann sollten wir richtig Hochzeit halten, so wie es sich gehört. Und wenn es nicht drei, sondern dreiunddreißig Jahre bis dahin gedauert hätte, hätten wir eben dreiunddreißig Jahre so gelebt. Verstehen Sie jetzt?«

Man könnte hier einwenden, daß die »Verheiratung nach Plan« im 19. Jahrhundert – und noch lange danach – kein typisch deutsches Phänomen war, sondern durchaus üblich war. Daß die Kritik der russischen Autoren an diesem Verhaltensmuster jedoch keineswegs als allgemeine, vom romantischen Liebesideal inspirierte Gesellschaftskritik gemeint war, sondern eben als Kritik am »typisch Deutschen« zu verstehen ist, zeigt die Tatsache, daß es eine solche Kritik etwa mit Bezug auf Franzosen oder Italiener in der russischen Literatur nicht gibt. »Deutsch« galt als bürgerlich-pedantisch schlechthin. Selbst in den verschiedenen weltanschaulichen Lagern war dieses Bild vom Deutschen weitgehend durchgängig, auch die linksradikalen russischen Kritiker wie etwa Alexander Herzen sahen im Deutschen vor allem den »Bürger«. Die große Idee des Sozialismus habe Deutschland zwar hervorgebracht, aber die deutsche Wirklichkeit leiste dieser Idee überstarken Widerstand. Die Kräfte der Mitte seien hier zu stark. Die Deutschen begnügten sich mit dem kleinen Behagen, seien allzu leicht bereit, sich mit den politischen und sozialen Gegebenheiten abzufinden.

Schiller-Verehrung in Rußland

Der bekannteste deutsche Dichter in Rußland war und ist Friedrich Schiller. »Schiller liebe ich, er ist einer von uns«, so drückte Tolstoj 1906 die Nähe vieler Russen zu Friedrich Schiller aus, und er beeilte sich, hinzuzufügen: »Goethe ist ein toter Deutscher.« Auch der russische Literaturkritiker Belinskij betonte die Akzeptanz Schillers bei den Russen: »Wir lernen Schiller durch Shukovskij verstehen und lieben, als wäre er unser nationaler Dichter, der zu uns in russischen Lauten, in russischer Sprache redet.«

Der russische Dichter der Romantik, Shukovskij, der auch als genialer Übersetzer und mit zahlreichen Nachdichtungen aus dem Deutschen wirkte, machte Schillers Werke bekannt und übersetzte insbesondere dessen Gedichte. Die Übersetzung der Kassandra-Ballade 1809 eröffnete die Reihe seiner vielbeachteten Schiller-Übersetzungen. Shukovskij machte auf einer Deutschlandreise in Württemberg die Bekanntschaft Ludwig Uhlands, wenig später übersetzte er auch Uhlands dichterisches Werk ins Russische. So kam es, daß die erste Fremdsprache, in die Uhlands romantische Balladen und politische Gedichte übersetzt wurden, das Russische war. Shukovskij heiratete im Jahr 1841 die Tochter eines deutschen Kunstprofessors und ließ sich mit ihr in der russisch-orthodoxen Grabkapelle auf dem Württemberg trauen.

Von Schillers »Wilhelm Tell« war Shukovskij so tief beeindruckt, daß er daraufhin die Unfreiheit seiner russischen Leibeigenen aufhob. Schiller wurde als Dichter und Botschafter der Freiheit in einer Zeit erlebt, als die russische Gesellschaft im Dunkel der zaristischen Willkürherrschaft zu versinken drohte. Durch die Aufführungen von Schillers Drama »Die Räuber« wurde die feudale russische Gesellschaft in größte Erregung versetzt. Nach ersten Übersetzungsarbeiten »Don Carlos« und »Kabale und Liebe« wurden »Die Räuber« 1792 ins Russische übersetzt und von da an in ganz Rußland mit großem Erfolg gespielt. In den »Räubern« schien der Kampf zwischen freiheitlichen Kräften und der starren Autokratie des Zarenregimes gespiegelt.

Im Geiste Schillers verstand Shukovskij auch seine pädagogische Tätigkeit als Erzieher des Zarevitsch Alexander. Schillers Ideale von Freiheit, die der junge Zarevitsch durch Shukovskij kennenlernte, sind sicherlich nicht ohne Einfluß auf dessen spätere Politik als Zar Alexander II. geblieben. Er war es, der 1861, bald nach seinem Regierungsantritt, die Leibeigenschaft in Rußland aufhob.

*Friedrich Schiller. Pastellbild von Ludowike Simanoviz, um 1793.
Original im Schiller-Nationalmuseum in Marbach am Neckar.*

Scheremetevs Freundesdienst

Der junge Graf Scheremetev besaß zu jener Zeit in Rußland einige private Leibeigenen-Theater. Das wohl schönste ist heute noch im zauberhaften Schlößchen von Ostankino bei Moskau erhalten, wenig beachtet von den Touristenströmen aufgrund seiner Lage zwischen Riesenkomplexen wie dem Moskauer Fernsehturm, der Allunionsausstellung und dem Hotel Kosmos. Nikolaj Scheremetev war 1787 nach dem Tod seines Vaters ja nicht nur Erbe unermeßlicher Reichtümer, sondern auch einer großen mäzenatischen Theatertradition. Ein Jahr danach nahm er Schillers »Kabale und Liebe« und »Die Räuber« in den Spielplan seiner Leibeigenen-Theater auf, und dies sollte auch für Scheremetevs persönliches Schicksal von Bedeutung sein. In Schillers »Kabale und Liebe« hatte er zum erstenmal die leibeigene Schauspielerin Parascha in der Rolle der Luise erlebt und sich in diese junge Frau verliebt. Er schenkte ihr die Freiheit und machte sie zu seiner Ehefrau.

Schiller am Hof der Zarinmutter

Wegbereitend für die zahlreichen Aufführungen von Schillers Dramen war zweifellos der Hof des Großfürsten Paul und seiner württembergischen Ehefrau Maria Feodorovna in Gatschina. Dort wirkte als »Vorleser« und literarischer Berater des Großfürstenpaares der deutsche Dichter des »Sturm und Drang« Maximilian von Klinger, der mit der unehelichen Tochter des Fürsten Orlov, eines der berühmtesten Günstlinge der Zarin Katharina II., verheiratet war. Von Maximilian von Klingers Vertrauensstellung am Hofe in Gatschina zeugt, daß er das Großfürstenpaar 1782 auf der Reise nach Württemberg, von der bereits die Rede war, begleiten durfte.

Zusammen mit Maria Feodorovna reiste er auch zur Hochzeit der Baronesse Anna Juliane von Schilling-Cannstadt, die in Mömpelgard in der Familie Maria Feodorovnas gelebt hatte und nach ihrer Hochzeit als Frau von Benckendorff am russischen Hof und in der Nähe Maria Feodorovnas bleiben sollte.

Schon 1775 hatte Maximilian von Klinger eine Reise nach Württemberg unternommen und war mit Schubart zusammengetroffen. Klinger nahm das freiheitliche Gedankengut des »Märtyrers im Kampf gegen die Despotie«, wie Schiller Schubart genannt hat, nach Rußland mit. Schubart aber, so berichtet später sein Biograph David Friedrich Strauß, schwebte seit jenem Besuch das ferne St. Petersburg als Wohnsitz vor, sollte er der Unfreiheit Württembergs und der Gefangenschaft auf dem Hohenasperg entrinnen können.

Klinger machte in seiner Funktion als Vorleser die Hofkreise und das Großfürstenpaar Paul und Maria mit der Dichtung des »Sturm und Drang« bekannt und sorgte seinerseits für die Verbreitung von Schillers Werken. So kam es zur erwähnten Erstaufführung eines Schiller-Dramas ausgerechnet am Hof in Gatschina, und zwar zu keinem geringeren Anlaß als dem Geburtstag des Großfürsten Paul: 1787 wurde »Don Carlos« hier aufgeführt, begeistert aufgenommen und lebhaft diskutiert. Von da an kamen Schillers Dramen regelrecht »in Mode«. Es folgten Gedichtübertragungen ins Russische, zunächst von Nachahmungen, wie zum Beispiel Dershavins »Das Mädchen am Klavier« aus Schillers »Laura am Klavier«.

Auch der Historiker Nikolaj Karamzin hatte während seiner Europareise Schillers Werke intensiv studiert. Sicherlich mag sich der Historiker Karamzin besonders vom Historiker Schiller angezogen gefühlt haben: von Schillers – heute eher unbekannten – historischen Schriften. Doch der Dichter Karamzin, inspiriert von Schillers Freiheitsvorstellung, setzte die Begegnung mit Schillers Werk in eigenständig Russisches um: In vielem gleicht der Charakter des armen Bauernmädchens Liza in seiner 1792 erschienenen sentimentalen Novelle »Die arme Liza« der Luise aus Schillers »Kabale und Liebe«.

Bis zum heutigen Tage gehört Schiller fest zum Bildungshintergrund eines auch nur durchschnittlich gebildeten Russen. Man kann sicher sein, daß er in der Regel sogar die eine oder andere Gedichtstrophe auswendig, wenn nicht unbedingt auf deutsch, so doch in russischer Sprache zitieren kann. Auf dem Turm der alten Alexander-Kirche in Schillers Geburtsstadt Marbach am Neckar erklingt seit 1859 die Glocke »Concordia«, die die deutsche Kolonie in Rußland zum 100. Geburtstag des verehrten Dichters gestiftet hat.

Auf die Nachricht vom frühen Tode Schillers 1805 reagierten viele russische Theater mit Aufführungen von Schillers Dramen, auch mit Benefiz-Veranstaltungen zugunsten der Familie Schillers. Der Neffe des Schillerschen Studienkollegen Johann von Benckendorff, Flügeladjutant Zar Alexanders I., Graf Alexander Christoforovitsch Benckendorff, überbrachte die Nachricht von Schillers Tod Rußland mit folgenden Versen:

Schillers Scheiden

Schau dort am nachtblauen Himmel
Strahlend den Stern!
Langsam in schwindender Lichtbahn
Stirbt er dahin …

Schicksal! Das in den Abgrund
Sterne versenkt,
Lässt auch Grösse und Ruhm
Baldig vergehn.

Hörst du das Stöhnen der ehernen
Sterbeglocken? –
Stöhnen vom Kampffeld des Lebens
Durchzittert das Weltall …

Weinend im Reiche der Geister
Trauert der Genius.
Rauchend verkünden Altäre,
Wen man geopfert.

Zweige von trauernden Weiden
Decken ein Grab;
Rauschend durchziehet die Wipfel
Klagend der Wind.

Stumm ruht am Fusse des Baumes
Harfe des Dichters;
Göttliches Schwert Melopmenens
Funkelt im Staube.

Zitternd umarmet die Muse
Trauernd die Urne;
Unaufhaltsam – Träne auf Träne
Netzt ihr die Wangen.

Künde mir, göttliches Wesen,
Was dich bedrücket?
Sag', um wen trauert die Tochter
Mnemosynes?

Kalte Schrecken des Todes,
Wen habt ihr getroffen?
Wehe! Sänger Melopmenens,
Schiller ist tot!

Schiller, den Ketten des Orkus
Nie überwältigt,
Nie der Styx gefährdet,
Furien mieden …

Alles vergeht! Bald ist verklungen
Grabesgeläute;
Gräber vermodern, Trauerweiden
Verdorren …

Sänger der Musen, wo bist du?
Wirst du vergessen?
Ruhm und Grösse vergehen,
Werke verschwinden …

Genius! Gleichwie das Licht
Wärmend, belebend
Alles durchdringt, so bleibt
Ewig dein Wert.

Tröstend nach Sonnenuntergang
Ist nachts das Mondlicht:
Wiedergespiegelte Erinnerung
Sonniger Herrlichkeit!«

Die schönen Künste

Der lebendige Austausch zwischen russischen und württembergischen Dichtern und Denkern, Musikern und Malern, der bereits im späten 18. Jahrhundert begonnen hatte und besonders von den württembergischen Prinzessinnen am russischen Zarenhof kräftig gefördert wurde – man denke nur an Schiller, Dannecker oder Scheffauer – hielt auch in späteren Jahrzehnten an und wurde erst durch den Ausbruch des Ersten Weltkriegs jäh unterbrochen, mit der stalinistischen Terrorzeit schließlich fast gänzlich abgebrochen.

Wieder aufgenommen wurden die traditionellen Beziehungen verstärkt in den Glasnost- und Perestrojka-Jahren der politischen Öffnung der damaligen Sowjetunion unter Gorbatschov. Ganz selbstverständlich beherbergt die Kunststiftung Baden-Württemberg in Stuttgart einen russischen Stipendiaten, arbeiten russische Künstler und Wissenschaftler auf der Akademie Schloß Solitude wie einst ihre Kollegen an der Hohen Carlsschule. Die internationale Hugo-Wolf-Akademie für Gesang, Dichtung und Liedkunst in Stuttgart präsentiert sich Ende des 20. Jahrhunderts mit Konzertauftritten in St. Petersburg und Gastkonzerten in Baden-Württemberg, wie dies zwei Jahrhunderte lang zuvor üblich war.

Auch die Musikhochschulen stehen wieder in engem Kontakt zu russischen Konservatorien. Im 100. Todesjahr von Tschajkovskij wird dessen Oper »Pique Dame« von jungen Sängern und Musikern der Opernklassen württembergischer und russischer Musikhochschulen gemeinsam in baden-württembergischen Städten aufgeführt. Während der Schwetzinger Festspiele 1994 musizieren junge russische und deutsche Musiker gemeinsam während einer »Woche der Begegnung«. Die Staatliche Hochschule für Musik und darstellende Kunst Stuttgart unterhält eine Partnerschaft mit dem Staatskonservatorium von St. Petersburg, und die Staatsgalerie Stuttgart und die Eremitage in St. Petersburg arbeiten eng zusammen. Auf verschiedensten Ebenen sind neue Anknüpfungspunkte im kulturellen Austausch gegeben, Kontakte neu geknüpft zwischen Ost und West.

Georg von Albrecht – musikalischer »Vermittler« zwischen Württemberg und Rußland

Eine Brückenfunktion zwischen Ost und West hat die Musik Georg von Albrechts. Er wurde am 19. März 1891 in Kazan geboren. Sein Vater war 1846 im Kaukasus als Sohn ausgewanderter Schwaben zur Welt gekommen und unterrichtete später als Mathematiker an der St. Petersburger Universität. Seine Mutter war in Tiflis zur Pianistin ausgebildet worden. Früh schon unterrichtete sie den begabten Sohn am Klavier, ermunterte ihn auf gemeinsamen Reisen im Kaukasus, Ural und auf der Krim, die vielen Volksmelodien aufzuzeichnen, die ihm dabei zu Ohren kamen. 1911 begleitete sie ihn auf seiner ersten Stuttgart-Reise zu seinem Lehrer Max Pauer, den er in St. Petersburg kennengelernt hatte, als dieser den russischen Konzertbesuchern Beethoven-Klaviersonaten zu Gehör brachte.

Durch die russische Revolution verlor die Familie ihr gesamtes Vermögen. Als Georg von Albrecht vom Moskauer Konservatorium aus 1923 zum Studium nach Stuttgart reisen konnte und sogar seiner Mutter als seiner Sekretärin die Ausreise gelungen war, schlug er sich hier als Musikkritiker und Kinospieler in Stummfilmen durch und verdiente sich ein Zubrot als Dirigent des russischen Kirchenchors. 1925 gab er seinen ersten Kompositionsabend in Stuttgart, nachdem er sechs Jahre zuvor auf Jalta bereits seine Komposition bei der Tschechov-Gesellschaft vorgestellt hatte.

Bald erhielt er einen Lehrauftrag an der Stuttgarter Musikhochschule, und als im Zweiten Weltkrieg ein Teil der Hochschule nach Trossingen ausgelagert und er zum Leiter bestellt wurde, schrieb er ein Stück württembergischer Hochschulgeschichte. Er brachte die Hochschule durch die Wirren des Krieges, wirkte maßgeblich beim Wiederaufbau der Musikhochschulen in Stuttgart und Heidelberg mit und tat sich dabei vor allem als Förderer der jungen Musikstudenten hervor, die nach dem Krieg aus dem Osten und aus der Gefangenschaft kamen. 1976 starb er in Heidelberg, als Komponist, Fachmann und insbesondere Vermittler zwischen deutscher und russischer Musiktradition anerkannt, als Kollege und warmherziger Mensch geschätzt.

Eine Zauberin der Farbe – Ida Kerkovius

Die am 31. August 1879 in Riga geborene Ida Kerkovius gilt als eine der bedeutendsten Malerinnen des 20. Jahrhunderts. Eine »Zauberin der Farbe« nannten sie ihre Malerfreunde. Ernst Schremmer schrieb über ihre Arbeiten: »Das Bild wird zu einer eigenen Welt, die Ida Kerkovius heißt, ein Märchen der Farbe, eine Wirklichkeit der Gegenwart, die hinter sich uralte Geheimnisse zu verbergen scheint.«

Ida Kerkovius hat in ihr Werk tatsächlich »uralte Geheimnisse« zweier großer Kulturen aufgenommen, der deutschen wohl mehr noch als der russischen. Aufgewachsen in Riga in einer baltischen Gutsbesitzerfamilie zusammen mit sieben Brüdern und drei Schwestern, erhielt sie ihre künstlerische Ausbildung an der Rigaer Malschule. Die Ausstellung einer Hölzel-Schülerin in Riga machte auf sie einen solchen Eindruck, daß sie Adolf Hölzels Malschule in Dachau besuchte und mit ihm 1908 zunächst als Schülerin, dann als seine Meisterschülerin und Assistentin an die Akademie der Bildenden Künste nach Stuttgart zog. Diese Stadt sollte von nun an zu ihrer zweiten Heimat werden. 1930 hatte sie im Stuttgarter Kunstverein ihre erste große Ausstellung. Drei Jahre später schon galten ihre Bilder als »entartet«. Nach dem Tod Hölzels 1934 kehrte sie in ihre Rigaer Heimat zurück und mußte dort erleben, wie ein Teil ihrer Werke bei der Flucht ihrer Familie in den politischen Wirren des sich anbahnenden Zweiten Weltkriegs verlorenging und ihre Bilder bei der Zerstörung ihres Stuttgarter Ateliers 1944 ebenfalls vernichtet wurden. Ida Kerkovius lebte und wirkte nach dem Zweiten Weltkrieg in ihrer Stuttgarter Wahlheimat bis zu ihrem Tod im Jahr 1970.

Herta Mora – Landschaften voll Licht und Farbe

Ebenfalls aus Riga stammte die 1904 geborene Malerin Herta Mora, deren Kindheit voll deutsch-baltischer wie russischer Eindrücke mit der Flucht ihrer Eltern nach Deutschland 1919 zu Ende war. Der Malerin gelang 1945 eine abenteuerliche Flucht nach Stuttgart. Die Stadt übte auf Herta Mora vor allem durch die Werkkunstschule Merz eine starke Anziehung aus, und auch die Farbenwelt Adolf Hölzels beeinflußte ihr Schaffen. Stadtlandschaften und Stilleben, Landschaftsbilder voller Licht und Farbe und einfühlsame Portraits entstanden in Stuttgart, wo sie verehrt und anerkannt im Jahr 1980 starb.

Otto Flath – Rückkehr nach Württemberg

Die Heimat des am 9. Mai 1906 in dem kleinen Dorf Staritzke bei Kiew geborenen Otto Flath ist die Weite der Ukraine. Seine Vorfahren waren im 19. Jahrhundert aus Württemberg nach Südrußland gekommen. Auch Otto Flaths Vater war Bauer. Das harte, entbehrungsreiche Leben der deutschen Kolonisten hat noch den jungen Flath stark geprägt. Seine Liebe zum Wald, zum Naturstoff Holz wuchs hier in den ukrainischen Wäldern, und sie bewahrte er auch nach der von Hunger und Krankheit begleiteten Flucht 1919 aus dem glücklichen, bescheidenen Zuhause der württembergisch-ukrainischen Bauernfamilie nach Deutschland, wo zunächst Bad Segeberg neue Heimat und Freiraum für sein künstlerisches Gestalten bot. Ein Jahr nach seinem Tod 1987 stellte eine Kunstausstellung im Haus der Rußland-Deutschen in Stuttgart Otto Flaths Leben und Werk in einer repräsentativen Übersicht mit Plastiken, Zeichnungen und Aquarellen vor.

Generationen nach ihrer Auswanderung aus Württemberg in russische Lande kehrten und kehren so die Nachfahren einstiger Württemberger, gezwungen durch Krieg und politische Wirrnisse, wieder in die Heimat ihrer Vorfahren zurück. Viele konnten nur schemenhafte Kindheitserinnerungen aus Rußland herüberretten. So der Bildhauer und Maler Karl-Heinz Zöhner, der, 1941 im ukrainischen Debalzewo geboren, bereits seine Schulzeit in Deutschland verbrachte und heute in Mühlacker lebt. Gerade sie jedoch tragen in der neuen-alten Heimat Württemberg ein großes Stück gelebter russischer Tradition und Brauchtums und setzen so die reiche Geschichte württembergisch-russischer Kulturbegegnung fort.

Anschluß an den Westen: ökonomische Verflechtungen

Seit dem 16. Jahrhundert sind Deutsche aus dem Wirtschaftsleben Rußlands nicht wegzudenken. Das russische Zarenreich war über Jahrhunderte hinweg Ziel unternehmungslustiger Auswanderer aus fast allen westeuropäischen Ländern. Aus eigenem Antrieb kamen vor allem Kaufleute, aber auch Baumeister und Ingenieure, Künstler und Kunsthandwerker. Kriegsgefangene aus den Schwedischen und Polnischen Kriegen, aber auch im Livländischen Krieg verschleppte Angehörige der Zivilbevölkerung wurden zwangsangesiedelt und zum wirtschaftlichen Aufbau Rußlands gezwungen. In der Mehrzahl arrangierten sich diese Leute der Not gehorchend recht schnell und konnten sich kraft ihres Könnens bald eine gesicherte Existenz aufbauen, ja viele gelangten sogar zu Ansehen und Wohlstand.

Die Anwerbung von Fachkräften wurde anfangs weitgehend von der zaristischen Regierung geregelt. Festungsbaumeister, Rüstungsfachleute, aber auch Apotheker und Ärzte waren zunächst besonders gesucht, später auch Wissenschaftler und Handwerker in Zivilberufen sowie Verwaltungsfachleute. Rußland brauchte Fachkräfte aus dem Ausland, um den ungeheuer großen Rückstand des Landes aufzuholen, den es durch die nahezu drei Jahrhunderte dauernde Mongolenherrschaft seit Beginn des 13. Jahrhunderts erlitten hatte. Kräfte und Reserven des Landes waren durch hohe Tributzahlungen in Form von Menschen wie von Material aufgezehrt. Alle Anstrengungen galten der Abwehr des »Tatarenjochs«, dem Versuch, die russischen Fürstentümer zu einen, um überhaupt eine Chance zu haben, die Tatarenherrschaft abzuschütteln. Die Tataren, wie die Mongolen, Nachfahren des Dschingis Khan, genannt wurden, spielten die russischen Fürstentümer immer wieder geschickt gegeneinander aus. Einziges Integrationsmoment dieser Schreckenszeit war neben der russischen Sprache die russisch-orthodoxe Kirche. Die eigene Kultur weiterzuentwickeln, wirtschaftliche Kräfte zu entfalten, das war für Rußland jahrhundertelang in diesem Überlebenskampf schlechterdings unmöglich.

Von Westeuropa und den dortigen ökonomischen, wissenschaftlichen und kulturellen Entwicklungen wurde Rußland in dieser Zeit der

Unterdrückung durch die Tataren vollkommen abgesondert und verpaßte so den Anschluß an den Westen – eine Last, die Rußland bis ins 20. Jahrhundert hinein zu tragen haben sollte. Erst nach dem Sieg über die Tataren begann Rußland aufzuholen und versuchte den Anschluß an den Westen zu gewinnen: zuerst unter Zar Ivan IV., dann vor allem unter dem »Zar und Zimmermann« Peter dem Großen, der mit der Gründung von St. Petersburg das Tor zum Westen öffnete und mit der Förderung der Einwanderung deutscher und niederländischer Wirtschaftsfachleute, Handwerker, Kaufleute und Gelehrter das »know how« des Westens importierte. Wollte Peter der Große den handwerklichen und wissenschaftlichen Brückenschlag zu Westeuropa verstärkt mit niederländischen Kräften leisten, so blickten Zarin Katharina die Große und Zar Alexander I., dynastisch dem Hause Württemberg verbunden, eher gen Süddeutschland, als sie die neu eroberten, ungeheuer weiten Gebiete im Süden und Südosten ihres Reiches mit zuverlässigen, fleißigen württembergischen und schwäbischen Siedlern wirtschaftlich wie politisch zu integrieren suchten.

So war bis zum Ende des 19. Jahrhunderts der Boden für wirtschaftliche Beziehungen bestens bereitet. Russische Zeitungen aus dieser Zeit sind eine wahre Fundgrube für Einblicke in die Vielfalt der geschäftlichen Aktivitäten zwischen Deutschen und Russen. So boten in der Petersburger Zeitung »Niwa« Deutsche neben russischen Geschäftsleuten eine breite Palette von Waren und Dienstleistungen an. Da versprach ein gewisser Karl Ernst, daß in seiner Spezialeinrichtung Stotterer gründlich geheilt würden. In derselben Ausgabe priesen G. und E. Eckstein die Feder »Dimitri« an, und July Heinrich Zimmermann warb für Musikuhren und »Spieldosen mit angenehmstem Klang«. W. M. Steiermann behauptete, elektrische Klingeln und andere Waren zu Preisen »außer Konkurrenz zu verkaufen«. Jossif Eichenwald, J. Mellert und E. Klinkmann & Co. boten Fahrräder an – beste deutsche Qualität, versteht sich. Ferner erfährt der Leser der Anzeigenseite, daß die Seife »Palmira« aus der Fabrik von Gustav Styrmer überall zu zwanzig Kopeken pro Stück erhältlich sei, und eine weitere Anzeige preist die Nordseebäder Westerland und Wenningstedt auf Sylt, wo man »die stärksten Wellen an der gesamten Westküste« genießen könne.

Aus dem großen Verlags- und Buchhandelszentrum Stuttgart waren populärwissenschaftliche Bücher, Familienzeitschriften und Lehrmittel für den Unterricht in Rußland begehrt. Der Esslinger J.F. Schrei-

Der Esslinger J. F. Schreiber-Verlag lieferte u.a.
Anschauungsmaterial für den Schulunterricht nach
Rußland. Hier eine Farbtafel, die verschiedene

russische Landschaften stilisiert zeigt: »Grundbe-
griffe der Geographie«, Buchhandlung Großmann
und Knebel, Moskau steht über der Tafel zu lesen.

ber-Verlag beispielsweise hatte in St. Petersburg einen Kommissionär, der seit 1872 Bilder- und Kinderbücher sowie Anschauungsmaterial für den Schulunterricht orderte. Württemberg als ein Zentrum des Musikinstrumentenbaus lieferte bereits in der ersten Hälfte des 19. Jahrhunderts Orgeln, Klaviere und Flügel nach St. Petersburg und Moskau an den Zarenhof. Pianos made in Württemberg waren in Adelspalästen und Kirchen zu finden und zierten manche gute Stube des Großbürgertums. 1840 erhielt der berühmte Ludwigsburger Orgelbauer E.F. Walcker einen Silberpokal als Anerkennung für eine Orgel, die er für die Petersburger St. Petri-Kirche gebaut hatte.

Schwarzwälder Uhren, chirurgische Instrumente aus Tuttlingen, Thermometer, orthopädische Artikel und Verbandsstoffe, Elektrowerkzeuge der Firma Fein, Gebrauchsartikel und Kirchengerätschaften, ja sogar Samoware der württembergischen Metallwarenfabrik Geislingen erwiesen sich als Exportschlager nach Rußland ebenso wie der Schwerzsche Pflug aus der Hohenheimer Ackergerätefabrik. Bis nach Wilna wurde er verkauft. Erfolg auf dem russischen Markt hatten auch der von Bosch entwickelte Magnetzünder, Dampflokomotiven der Maschinenfabrik Esslingen für die Ural-Bahn und Feuerwehr-Drehleitern der Ulmer Firma Magirus für Moskau. »Rußland verlangt die beste Ware und bezieht alljährlich größere Quantitäten«, so die Einschätzung eines deutschen Wirtschaftsexperten.

Im letzten Drittel des 19. Jahrhunderts kam der württembergische Export von Maschinenbauprodukten nach Rußland in Schwung. Vor allem Anlagen zur Papierherstellung, Turbinen, Werkzeugmaschinen und Fördereinrichtungen waren gefragt zur Rohstoffverarbeitung und Energiegewinnung. Rußland war stark an einem neuen Industriezweig interessiert, der in Württemberg entwickelt worden war: der Herstellung von Papier aus Holz. Den Rohstoff Holz gab es in Rußland in schier unerschöpflichen Mengen. Die Heidenheimer J.M. Voith GmbH war der bedeutendste Rußlandexporteur von Holzschleifereien und Papiermaschinen. Turbinen von Voith sorgten außerdem für die notwendige Energie.

Der Voith-Monteur August Münster arbeitete 1898 am Aufbau einer Schleifereianlage für die Papierfabrik in Koschely, einem Dorf auf der Strecke von Petersburg nach Moskau. Noch vor Inbetriebnahme sollte die Fabrik allerdings niederbrennen. Seine Beschreibung der Reise wie auch der Ankunft vor Ort und dem Aufbau der Fabrik enthält eine Reihe interessanter Beobachtungen über Sitten und Gebräuche:

Cafetière russe (Kaffeemaschine russische Form):
Exportgut von Württemberg nach Rußland

»Als wir aus dem Walde kamen, holten wir eine ganze Karawane von Schlitten ein, welche nach Koschely Maschinenteile transportierten. Leider war diesen Leuten ein großes Unglück zugestoßen, indem der 130 Zentner schwere Bajonettbalken einer 1 200pferdigen Dampfmaschine mit dem Schlitten, vor welchen 290 Pferde gespannt waren, umgefallen ist und zwei Mann unter sich begraben hat. Einer war todt, der andere schwer verletzt, und lag noch unter dem Schlitten. Die Leute hatten einen großen Jammer, und mir ist, ich gestehe es offen, der Muth etwas gesunken. Doch konnten wir ja hier nichts helfen und fuhren eben weiter mit unserem Patienten, und kamen bei sinkender Nacht in dem Dorfe Konschansky, das wir um 4 Uhr hätten erreichen sollen, an.

Dort war nun kein Gasthaus nach unseren Begriffen, sondern es herrscht dort die patriarchalische Gepflogenheit der Gastfreundschaft, und wir wurden zu dem Ortsvorstand, auf russisch dem ›Golowa‹, gewiesen, welcher uns, als ausländische Reisende, in wirklich zuvorkommender Weise aufgenommen hat. Er brachte uns als Zeichen des Willkommens nach russischer Sitte Salz und Brot auf einem Teller, und war gleich besorgt, daß unser Kutscher zu einem Feldscher, das ist ein im niederen Rang stehender Arzt, befördert wurde.

Unser Dolmetscher bat, uns gegen Bezahlung ein Nachtessen zu verabfolgen, was uns aber rundweg abgeschlagen wurde, und zwar aus dem Grunde, weil diese Familie, wie überhaupt das ganze Dorf, zu den altgläubigen Russen, zu der Sekte der Razkolniken gehörte, welche einen hohen Festtag hatten, und an diesem Tag weder etwas genießen noch verabreichen dürfen; wie überhaupt die Russen Wochen vor Ostern in ganz unheimlicher Weise fasten. Thee konnten wir gerne bekommen, und bald stand das dampfende Samovar, die in jeder russischen Familie unentbehrliche Theemaschine, vor uns. Unser Gastgeber war nun voller Neugierde, und bald erschien auch der Pope des Dorfes, das ist der griechisch katholische Pfarrer, welche unseren Dolmetscher alles mögliche ausfragten.

Ich aber hatte großes Interesse, die Behausung des Golowa etwas genauer in Augenschein zu nehmen. Das Haus war natürlich auch ein Blockhaus aus Holz; die Stube war ziemlich groß und diente zugleich als Schlafgemach. In dieser stund ein mächtiger gemauerter Ofen, ähnlich einem Backofen, und auf diesem eine Plattform, etwa 6 Meter lang und 2 Meter breit, diente der Familie als gemeinschaftliche Schlafstätte.

Als Unikum habe ich mir etwas ins Auge gefaßt, welches in das Kapitel der Kinderversorgung gehört. Es war nämlich auf der Plattform des Ofens eine lange, elastische Stange befestigt, welche so ziemlich bis in die Mitte der Stube reichte, eine Art Schnellgalgen, an dessen Ende hing ein Korb, wie die Gondel an einem Luftballon, darin waren zwei kleine Kinder gebettet; ein altes Weib setzte dieses Ding in schwingende Bewegungen, und es kam mir dieser Ersatz der Wiege als ein sehr praktischer Gegenstand vor.

Als wir zur Ruhe verlangten, wurden einige Bündel Heu hereingebracht und auf den Boden gelegt und darüber unsere Reisedecken gebreitet, das war unser Nachtlager; doch waren wir froh, glücklich unter Dach zu sein, und schliefen sicher ebensogut als der Zar in seinem Palast.«

Gerade deutsche Industrielle waren in der zweiten Hälfte des 19. Jahrhunderts bis zum Beginn des Ersten Weltkriegs an Kapitalinvestitionen in Rußland brennend interessiert. Französische, belgische und englische Unternehmer, die in Rußland Betriebe gründeten, zogen in der Regel nicht in dieses Land um, sondern schickten bestenfalls leitende Angestellte dorthin oder beauftragten mit der Betriebsleitung russische Staatsangehörige. Deutsche Unternehmer hingegen zogen weit häufiger selbst nach Rußland und brachten weit mehr eigenes technisches Personal mit.

Gottlieb Daimlers Rußland-Reise

Suchten die einen ihr Glück in Rußland zu machen, indem sie dort Fabriken gründeten, in seltenen Fällen Beteiligungen an russischen Unternehmen erreichten oder mit russischen Firmen fusionierten, so sahen andere in Rußland in erster Linie einen Absatzmarkt, den es zu erschließen galt respektive einen Handelspartner. Rußland als unerschöpfliche Quelle wertvoller Rohstoffe galt in einer Zeit zunehmender Industrialisierung in Westeuropa noch als das Land der unbegrenzten Möglichkeiten, das man so schnell wie möglich erkunden mußte, um in den Besitz günstigen Rohmaterials oder billiger Energie zu gelangen. So auch im Falle der Gasmotorenfabrik Deutz und ihrem damaligen technischen Direktor Gottlieb Daimler.

Noch war das Automobil nicht erfunden. Der erste schnellaufende Verbrennungsmotor der Welt existierte allenfalls als Idee im Kopf seines genialen Erfinders, da machte sich Gottlieb Daimler auf nach Rußland, um dort an Ort und Stelle Absatzmöglichkeiten für Gasmotoren zu untersuchen, aber auch, um den dortigen Erdölhandel, die Raffinerien und die Preise für Petroleum zu erkunden. Daimler reiste im Auftrag der Gasmotorenfabrik Deutz, deren technischer Direktor er von 1872 bis 1882 war. Den Forscher, Pionier und Erfinder Daimler interessierte persönlich besonders das Nebenprodukt des Petroleums, das Benzin. Es schwebte ihm schon lange als der ideale Treibstoff für einen leichten, schnellaufenden Motor vor.

Die große Rußland-Reise begann im Spätsommer 1881 und führte Daimler per Eisenbahn über Hannover, Berlin, Posen zunächst nach Warschau, dann nach Moskau und St. Petersburg. In Petersburg blieb Daimler länger, wohl nicht nur deshalb, weil es damals noch Hauptstadt des Russischen Reiches war, sondern auch, weil das vom »Reformzaren« Peter dem Großen gegründete »Fenster zum Westen« Handel und Wandel, Industrie und Technik offener gegenüberstand als das den alten Traditionen verhaftete Moskau.

Zwischen Geschäftskonferenzen, Verhandlungen und Beratungen mit dem langsam arbeitenden Amts- und Geschäftsapparat von St. Petersburg nutzte Daimler jede freie Stunde, um die Stadt kennenzulernen, die durch einen lebendigen Ostseehafen imponierte und wirtschaftlich eine enorme Bedeutung für Ost und West erlangt hatte.

Es gab bereits zahlreiche deutsche Wirtschaftsniederlassungen in St. Petersburg, und der Geschäftsmann Daimler roch sofort den fruchtbaren Boden für gegenseitige Handelsbeziehungen. Alles schreie »nach Belebung durch technischen Fortschritt«, stellte er lakonisch fest.

Den Ingenieur Daimler begeisterte die Städtebaukunst in St. Petersburg, die eleganten Konstruktionen der vielen Brücken, welche die über 100 Inseln im Delta der gewaltigen Neva zu einem eindrucksvollen »Venedig des Nordens« machten. Aber auch leiblichen Genüssen und kulturellen Ereignissen war Daimler nicht abgeneigt. Geschäftsfreunde führten ihn in Luxusrestaurants, wo ihm besonders »die Kellner, weiß von Kopf bis Fuß, mit Schärpe und eingestecktem Pfropfzieher« gefielen. Im Theater ergötzte er sich an den Tanzkünsten des russischen Balletts. Eine Geschäftsreise, wie sie heute wohl ähnlich verlaufen würde.

Daimler scheint ein ausgesprochenes Geschick im Knüpfen wichtiger Geschäftskontakte besessen zu haben. Während seiner zahlreichen Besuche in deutschen Geschäftshäusern und bei Landsleuten in leitender Stellung leistete er mancherlei fruchtbare Vorarbeit für das deutsches Wirtschaftsengagement in Rußland, nicht nur im eigenen Interesse, sondern auch für Geschäftskollegen. So bahnte er dem Leiter der Köln-Rottweiler Pulverfabrik den Weg zur Gründung gleich zweier Unternehmungen in Rußland: einer Pulverfabrik am Ladoga-See und einer Salpeter-Fabrik in St. Petersburg. In Tula, der »Stadt der Samoware«, der frommen Altgläubigen und Ikonenmaler mit den vielen Kirchen, knüpfte Daimler Kontakte zur dortigen Waffenfabrik. In Charkov, Verwaltungssitz für die Eisenindustrie und wichtiger Verkehrsknotenpunkt für die Ukraine, prüfte er, ob hier Grundlagen für eine Motorenfabrik geschaffen werden könnten.

Ein poetischer Ingenieur

Wie sehr es Daimler die Zarenresidenz angetan hatte, wird durch seine gekonnten Bleistiftskizzen von Brücken, Palästen, Kirchen und Fabriken entlang dem Neva-Ufer deutlich. Etwa zwei Dutzend solcher Skizzen sind erhalten, auf kleine, lose Notizblätter hingeworfen oder mit feinen Strichen in einem Oktavheftchen zwischen Reise- und Tagebuchaufzeichnungen, technischen Daten, Berechnungen und Firmennamen festgehalten. Auch ein Samowar, mit viel Liebe und Detailfreude gezeichnet, findet sich darunter.

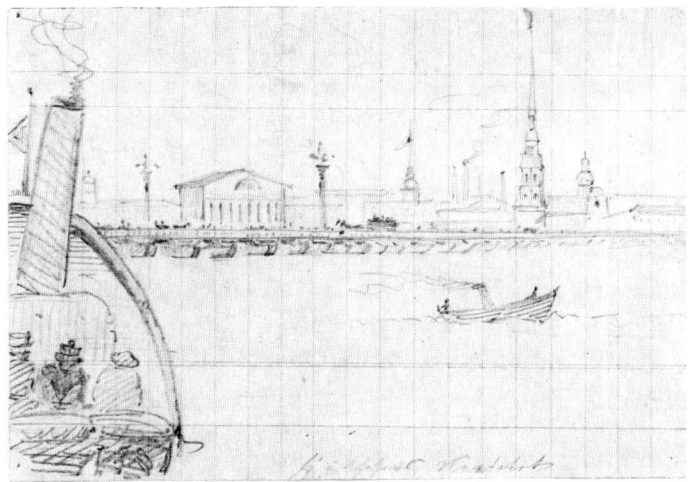

Zwei Zeichnungen aus Gottlieb Daimlers Skizzenbuch zu seiner Rußland-Reise 1881. Oben: Szene in einem russischen Bauerndorf. Unten: Peter und Pauls-Festung mit Peter und Pauls-Kathedrale in St. Petersburg von der Neva aus gesehen.

Offensichtlich fand Daimler am alten Rußland mit seinen Klöstern und goldenen Kuppeln Gefallen. Auch ein Bauerngesicht zeichnete er. Ein ganz anderer Daimler zeigt sich hier, als man ihn durch seine üblichen, eher kargen Niederschriften zu kennen glaubt, die sich auf Zahlen und Ziffern, Formeln und technische Berechnungen, Konstruktionen, Personal- und Geschäftsadressen beschränken. Ein poetischer Gottlieb Daimler, der in seinen Skizzen zwar den Techniker und pünktlichen Schwaben verrät, doch viel Liebe zum gezeichneten Gegenstand erkennen läßt, ja sogar mit leisem Humor den Sprung in die Karikatur wagt, wenn er etwa vor dem Palais Rennenkampf den General gleichen Namens mit einem übergroßen Regenschirm gegen den starken Wind ankämpfen läßt oder orthodoxe Popen in schlampig-lässiger Haltung zeichnet. Scharf beobachtend, mit warmer Liebe zum Detail werden russische Landschaft, Städte und Menschen, Pflanzen und Tiere gesehen und wiedergegeben.

Trojka-Fahrt und automobile Träume

Der Erfinder des Automobils reiste nach altem russischen Brauch in einer Trojka, einem mit drei Pferden bespannten Reisegefährt, weiter in die Ukraine über Tula und Charkov zur »Mutter der russischen Städte«, nach Kiew. Die Entwicklungsmöglichkeiten für ein von Schiene und Kohle, aber auch vom Pferd unabhängiges Transportmittel mögen dem Pionier während der langen Trojka-Fahrt durch die unendlichen Weiten Rußlands besonders bewußt geworden sein. Während sein Pferdeschlitten, begleitet vom munteren Geklingel der Glöckchen, durch die verschneite Landschaft dahinflog, grübelte der Reisende vielleicht über physikalische und technische Formeln nach, die zu diesem »automobilen Ziel« führen könnten.

Bei der Erkundung weiterer wirtschaftspolitischer Möglichkeiten gelangte er bis zur Wolga, und was dieser Strom für das russische Land bedeutete, kam ihm besonders in Nischnij-Novgorod zu Bewußtsein. In einem riesigen Völkergemisch ballte sich hier alles zusammen, was dieses Rußland produzierte und zu Markt brachte. Hier trafen Europa und Asien aufeinander. Hier lernte Daimler kennen, wie eine freilich noch sehr einfache Industrie der Wolga entlang über das Kaspische Meer hinweg auf asiatischen Karawanenwegen lieferte und transportierte, wie ein reger Handel die Petroleum-, Gas- und Ölquellen von

Batu und Baku ausbeutete. Fleißig notierte er die Namen der Städte in sein Notizbuch, in welchen man am zweckmäßigsten »Reservoir und Lagerhäuser für Petroleum« errichten könnte. Der Winter war inzwischen mit aller Macht hereingebrochen, und so beschloß Daimler, seine Rußland-Reise Anfang Dezember in Odessa zu beenden. Weihnachten feierte er bereits wieder in Deutschland.

Es drängte ihn, seinen Mitarbeitern klarzumachen, wie sehr diese Reise ihn bestärkt hatte, einen schnellaufenden Motor für Straßen- und Schienenfahrzeuge, Fluß- und Seeschiffe zu bauen. Bereits am 22. Dezember erstattete er vor dem Aufsichtsrat in Deutz ausführlichen Bericht. Dort hatte man aber ganz anders beschlossen. Immer wieder hatte Daimler über das mangelnde Verständnis geklagt, das man bei Deutz für Zukunftsaufgaben der Industrie habe, über die »Kurzsichtigkeit und Unaufrichtigkeit«, mit der man ihn an der Umsetzung seiner Ideen hindere.

Vielleicht war Gottlieb Daimler seinen Kollegen und Vorgesetzten mit seiner manchmal recht schroffen Art, mit der er Einmischungsversuche abwies, schwierig und unangenehm geworden, unverständlich in seinem Außenstehenden gegenüber oft verschlossenen Wesen. Kurz, während seiner Abwesenheit hatte der Aufsichtsrat ihm auf Bitten des Motorenkonstrukteurs und Kollegen Otto gekündigt, der nicht länger mit Daimler zusammenarbeiten und nur »für den Fall von Daimlers Ausscheiden seine Bindung an das Werk verlängern« wollte. Der Streit um den Wirkungsbereich der Deutzer Viertakt-Patente hatte begonnen, man wollte nicht, daß sich der Erfinder des Viertakt-Motors, Otto, auf die Seite möglicher Gegner stellte und »opferte« Daimler. Mit der Kündigung schlug man ihm allerdings die Errichtung und Leitung eines Zweiggeschäftes in St. Petersburg vor:

Cöln, den 28. Dezember 1881

Herrn G. Daimler, Direktor der Gasmotorenfabrik zu Deutz!

Sie haben uns in der Sitzung vom 22. des Monats die Aussichten, welche für einen ausgedehnten Absatz der Gasmotoren bestehen, in so eingehender und überzeugender Weise geschildert, daß dadurch der Entschluß zur Reife gekommen ist, in diesem Lande, etwa in St. Petersburg, ein Zweiggeschäft zu errichten ... In Ihrem Vertrag mit der Gasmotorenfabrik Deutz ist beiden kontrahierenden Teilen das Recht einer sechsmonatlichen Kündigung zuge-

standen worden, und indem wir hierdurch von diesem Recht der Kündigung Gebrauch machen, schlagen wir Ihnen zu gleicher Zeit vor, ein Zweiggeschäft der Gasmotorenfabrik Deutz in Petersburg zu errichten, für welches wir gerne Ihre Vorschläge erhalten und eventuell bereit sind, die dazu erforderlichen Geldmittel zu beschaffen. Es wird uns freuen, wenn Sie nach reiflicher Erwägung unseren Vorschlag annehmen und wir dadurch dauernd in freundschaftlichem Verkehr mit Ihnen bleiben.
Mit aller Achtung
Der Aufsichtsrat der Gasmotorenfabrik Deutz:
gez.
Jacob Langen Emil Pfeiffer Valentin Pfeiffer

Der enttäuschte und verbitterte Daimler verlangte, daß »die Gasmotorenfabrik Deutz an Herrn Daimler oder seine Erben den exklusiven Vertrieb und die exklusive Agentur aller ihrer jetzigen und zukünftigen Patente und Konstruktionen in Gas- und Heißluft-Motoren für das ganze russische Reich« gegen eine Lizenzgebühr übertrage und der Vertrag nur seitens Daimler kündbar sein solle. Für Deutz eine unannehmbare Bedingung. Daimler sollte keine Filiale in St. Petersburg an der Neva gründen, dafür aber eine eigene Firma in Bad Cannstatt am Neckar.

Hoflieferant des russischen Zaren

Nachdem Daimler fünf Jahre später seinen Traum vom Automobil in seiner Werkstatt, einem Gartenhäuschen neben der Wohnung nahe dem Kursaal von Bad Cannstatt verwirklicht hatte, dauerte es nicht mehr lange, bis er seine Motorwagen auch in das Land lieferte, das er 1881 wachen Auges bereist hatte. Inzwischen war er Chef einer eigenen Firma, zunächst in Bad Cannstatt, bald jedoch, nach einem Fabrikbrand, im neuen Werk »nebenan« in Untertürkheim. Bereits 1890 erfolgten erste Lieferungen von stationären und Schiffsmotoren nach Moskau. 1901 hatten die russischen Militärbehörden bereits mehrere Nutzfahrzeuge des Werkes Marienfelde, das mit Daimler fusioniert hatte, von der Daimler-Motorengesellschaft bezogen. Eine Montage- und Reparaturwerkstätte für ausländische Fahrzeuge war in St. Petersburg eröffnet worden, und im gleichen Jahr hatte eine Firma Lessner

*Daimler Werbeplakat. Die Aufschrift auf dem abgebildeten Lastkraft-
wagen verrät seine Fahrtroute: Moskau – Kazan.*

dort von der Daimler-Motorengesellschaft eine Motorenlizenz erworben. Sie baute Lastwagen, ging aber 1904 dazu über, eigene Personenwagen zu bauen. Dieses Jahr 1904 gilt als der Beginn der Automobilproduktion in Rußland.

Jahre später wurde Daimler in St. Petersburg zum »Hoflieferanten seiner kaiserlichen Majestät«, des russischen Zaren, ernannt. Mit der Verleihung der kaiserlichen Urkunde am 2. Oktober 1912 erhielt seine Firma das Recht, das offizielle Emblem mit der Aufschrift »Hoflieferant seiner kaiserlichen Majestät« zu verwenden. Die Beziehungen zwischen Rußland und dem schwäbischen Automobilunternehmen bestehen bis heute in äußerst intensiver und produktiver Weise.

Was Gottlieb Daimler damals im Jahr 1881 auf seiner Rußland-Reise erkannt hatte, hat an Wahrheitsgehalt bis heute nichts verloren: Rußland sei ein Land, »von dem man im Westen nur sehr wenig wisse und jedenfalls ganz falsche Vorstellungen habe«.

Tatarenrebell hinterm Dampfpflug – Max Eyth

»Ganz falsche Vorstellungen« von Absicht und Tun eines Ingenieurs aus Württemberg in Rußland hatte jedenfalls die russische Regierung, die Max Eyth unter dem Verdacht politisch-subversiver Tätigkeit bespitzeln ließ. Eyth war Mitte der 1870er Jahre im Gouvernement Samara mit technischen Versuchen an seinem berühmten Dampfpflug beschäftigt. Strohbrennende Dresch-Lokomobile und Dampfpflüge, deren Energie durch Verbrennen von Stroh und Unkraut gewonnen wurde, hatte er bereits auf Versuchsfeldern in der Ukraine und in den weiten Gebieten zwischen der Wolga und dem Ural erfolgreich erprobt. Nun arbeitete er im Auftrag eines reichen Engländers auf dessen 8 000 Hektar großem Gut Timaschwo mit seinen Dampfpflügen, das achtzig Werst, also etwas mehr als achtzig Kilometer östlich der Wolga am Fluß Kinel lag. Der reiche Engländer Gardner-Jackson »besaß eine der schönsten Privatgalerien in Mayfair, eine italienische Gräfin zur Frau, Bargeld genug und einen leidenschaftlichen Drang, der Welt im Großen nützlich zu sein«, so Eyth in seinen Erinnerungen »Hinter Pflug und Schraubstock«.

Ein Lungenleiden hatte Gardner-Jackson in einer Kumys-Kuranstalt an der Wolga zu heilen versucht, und in jener Zeit eröffnete sich ihm die Möglichkeit, Gut Timaschwo von einer reichen russischen

*Eine schwäbische Karriere: Max von Eyth, genialer Ingenieur
und Schriftsteller, wurde 1836 in Kirchheim/Teck geboren und
starb 1906 in Ulm.*

Witwe zu erwerben, wo er ein landwirtschaftliches Mustergut errichten wollte. Fürs erste führte er jedoch vor allem einen Doppelkampf gegen Unkraut und die Trunksucht der Bauern. Für Eyth bot der Auftrag auf Timaschwo ungeahnte Möglichkeiten zur Erprobung seiner landwirtschaftlich-technischen Erfindungen. »Das Studium der russischen Verhältnisse, deren Großartigkeit in Breite und äußerem Umfang auf jeden einen überwältigenden Eindruck macht«, faszinierte auch den württembergische Verhältnisse gewohnten Max Eyth. Hier sah er ein weites Betätigungsfeld:

»Es war auch ein Anblick, der das Herz eines Dampfpflügers erfreuen konnte. An sechs Punkten in der weiten, wellenförmigen Steppenlandschaft stiegen kerzengerade weiße Säulen Rauches gen Himmel. Bald von da, bald von dort hörte man das klingelnde Rasseln der Stahlräder, das emsige Keuchen der Maschinen, die kurzen, eifrigen Signalpfiffe, die anzeigten, daß eine der Lokomotiven vorrückte und wieder ein Streifen der Erde, die noch nie das Licht des Tages erblickt hatte, in den Dienst der Menschheit getreten war. Und das alles mußte wertloses Stroh und weniger als wertloses Unkraut selbst verrichten, das Gewächs des Bodens, den wir pflügten.

... Sechs strohbrennende Dampfpflugmaschinen hatten die fantastische Fahrt über halsbrecherische Brücken und Stege durch die fast unwegsame Steppe von Samara bis Timaschwo mit eigenem Dampf erfolgreich zurückgelegt. Sechs englische Arbeiter bemühten sich seit einigen Wochen, einer bunten Gesellschaft von Russen, Kirgisen und Tataren die Anfangsgründe der praktischen Dampfkultur beizubringen. Die Grundmauern einer Reparaturwerkstätte und einer Sägemühle begannen aus dem Boden zu wachsen. Die Wasserkraft des Kinel war nicht ohne Schwierigkeiten mit improvisierten Instrumenten gemessen worden.«

Schwierigkeiten besonderer Art stellten sich oft auch ganz unerwartet ein. So zum Beispiel, wenn zwei Wölfe unter der Feuerbüchse einer Dampfmaschine übernachteten, am nächsten Morgen von den russischen Arbeitern entsetzt entdeckt wurden, welche daraufhin allesamt die Flucht ergriffen. »Ich beschloß, in Zukunft jeden Dampfpflug östlich der Wolga mit einem Schießgewehr auszustatten!«, so Eyths Kommentar.

Fast liebevoll zeichnet er das Bild russischer Bauern oder eines aus sibirischer Haft entlassenen politischen Gefangenen aus der russischen Intelligentsia. Wenn Eyth die langen Abende im bescheidenen Holz-

Zwei-Maschinen-Dampfpflug-System, um 1870.

häuschen beschreibt, wo »der Samowar traulich und warm auf dem Tisch summte«, entsteht geradezu eine behagliche Idylle. Diese wird jedoch jäh gestört durch das regelmäßige nächtliche Auftauchen russischer Polizei. Erst mit der Zeit begreift Max Eyth, daß der Argwohn ihm gilt. In einer Zeit, in welcher der russisch-türkische Krieg in der Luft lag, mußte wohl ein deutscher Ingenieur auf dem Gut eines Engländers politische Intrigen im Kopf haben, wenn er mit den nomadisierenden Tataren der Gegend, die er eigentlich zu Hilfsarbeiten einzuspannen gedachte, Gespräche führte. Die russische Polizei war überzeugt, daß Eyth mit den Tataren nächtliche Zusammenkünfte abhalte und die ganze mohammedanische Bevölkerung der Steppe von hier aus, unweit der sibirischen Grenze, gegen Rußland aufwiegeln wollte. »Selbst meine Dampfpflüge, unschuldig wie weiße Lämmchen, konnten unter solchen Umständen eine europäische Verwicklung heraufbeschwören.«

Max Eyth erkannte durchaus die Gefahr, die ihm ganz persönlich aus der Willkürherrschaft des Zaren erwuchs: Schnell verschwand man in sibirischen Strafgefangenenlagern. Eyth entkam der drohenden Gefahr, indem er Hals über Kopf aufbrach und über Kiew ins sichere Wien flüchtete. »Meine Aussichten, Rebellenführer der Tataren zu werden, waren vernichtet«, so kommentiert er das Scheitern der so hoffnungsvoll begonnenen und so kläglich gescheiterten Versuche, mit seinen Dampfpflügen die russische Landwirtschaft zu modernisieren.

Die Familie Mehnert in Rußland

Als »Sohn zweier großer Kulturen« bezeichnete sich einmal der bekannte Publizist Klaus Mehnert, der 1906 in Moskau in eine mehrsprachige, kosmopolitische Gesellschaft hineingeboren wurde. Der pietistischen Enge des Pfarrhauses im heimatlichen Schwarzwald hatte der Großvater Klaus Mehnerts, Julius Heuss, früh zu entfliehen versucht. Nach einer Lehre in Esslingen, wo er »Schnupftabak, Häringe und andere gute Sachen« verkaufte, bewarb er sich bei der schwäbischen Firma Hölder, »Uhren, Goldwaren und andere Importe«, in Odessa, von der er gehört hatte, daß sie einen Angestellten suchte.

Er wurde eingestellt und traf Weihnachten 1852 in der Handelsstadt am Schwarzen Meer ein. Bald darauf heiratete er dort die 16jährige Deutsche Babette Händle, mit der er 1857 nach Moskau zog, wo die

Luise Mehnert, geborene Heuss, mit ihren Söhnen Klaus, Frank und Lars.

Firma Hölder eine Filiale eröffnet hatte. Für alles Neue interessierte sich der junge Württemberger brennend, so auch für die gerade aufkommende Fotografie. In seinem Geschäft führte er alle dafür notwendigen Artikel und Neuheiten. Unter anderem bekleidete er auch das Amt des »Lampenchefs von Moskau« und trug als pünktlicher Schwabe vier Jahre lang dafür Sorge, daß eine Mannschaft von 500 Russen jede Nacht pünktlich die 9 000 Petroleumlampen in den Straßen Moskaus entzündete. Welche Unbill ihm dieses Amt einbrachte, aber auch welch persönlichen Einsatz es bei Wind und Wetter erforderte, kann man sich unschwer vorstellen!

Schon 1861 starb seine Frau. Bei einem Besuch in der württembergischen Heimat lernte er im Hause des entfernten Verwandten Kapff dessen Tochter Cornelia kennen und lieben, die auf dem Hohenasperg geboren war, dessen Festungskommandant ihr Vater zu jener Zeit war. In der Stuttgarter Stiftskirche heiratete Heuss 1863 die damals 22jährige, dann zog das frisch vermählte Paar nach Moskau. Der in Württemberg bekannte Prälat und Poet Karl Gerok, mit der Familie Kapff verwandt, steuerte zur Hochzeit des Paares ein Gelegenheitsgedicht bei, das uns heute nicht nur schmunzeln läßt, sondern auch illustriert, wie sich ein württembergischer Pfarrer damals Rußland vorstellte:

Von Moskau, von der Stadt der Zaren,
Zog oft ein kühner Kaufmann aus,
Und reich bepackt mit edlen Waren,
Kam im Triumph er stets nach Haus;
Was Frankreichs Meister fabrizierten,
Was feil am lauten Themsestrand,
Bringt er den struppigen Baschkiren,
Verkauft bis ins Tscherkessenland.

Doch wißt, ein Kleinod sonders Gleichen
Hat sich der Kluge längst ersehn,
Wie keins in allen Königreichen
Ums Gold des Urals zu erstehn.
Paßt auf, Kosaken und Kalmücken,
Bald ist der Wanderer wieder da,
Dann sollt Ihr seinen Schatz erblicken,
Sein Kleinod heißt Cornelia!

Und gings bis zu den Asiaten,
Nach Kasan und nach Astrachan,
Am festen Arm des treuen Gatten,
Zieht froh die Gattin ihre Bahn;
Die Liebe wallt mit leichtem Schritte
durch Frost und Hitze, Meer und Land,
Blühn Rosen auch im Wüstensand.

Drum heil dem Freund, der hoch im Norden
Sich warm und weich sein Herz verwahrt
Und unter den Kirgisenhorden
Ein Schwabe blieb von echter Art,
Auch unter Moskaus goldnen Dächern.
In seinen friedlichen Gemächern,
Die Schwabenheimat stets bewahrt.

In seinen Erinnerungen »Ein Deutscher in der Welt« erzählt Klaus Mehnert die köstliche Geschichte vom »Familienzuwachs« des württembergischen Ehepaares in Moskau. Nach der Geburt des dritten Kindes bedurfte die junge Mutter dringend der Hilfe, und so wurde ihre Schwester Anna aus Stuttgart nach Moskau geholt. Lange blieb sie als Hilfe jedoch nicht erhalten, denn schon bald wurde sie von dem in Moskau tätigen Kaufmann Gustav Brüggemann »weggeheiratet«. Die daraufhin herbeigerufene 19jährige Schwester Sophie erhielt bereits während der Reise nach Moskau von dem im Auftrag der Badischen Lanilin- und Sodafabrik nach Moskau reisenden schwäbischen Kaufmann Max Georg Speidel einen Heiratsantrag. Er hatte sie auf der langen, gefahrvollen Reise von Württemberg nach Moskau beschützen sollen, und nun heiratete er sie. Beide sollten zehn Kinder bekommen.

Schwäbische Pfarrhäuser bieten bekanntermaßen ein großes Reservoir an Töchtern und Söhnen, und so wurde die nächste Schwester nach Moskau beordert. Aber auch Klara kam schnell unter die Haube als Ehefrau des ebenfalls in Moskau tätigen deutschen Kaufmanns Richard Jonas. Damit war der »Vorrat« an Kapff-Töchtern erschöpft. Die Kapff-Schwestern und ihre Männer samt ihren 26 Kindern wurden zu einem geselligen Mittelpunkt der Moskau-Deutschen. Die Moskau-Deutschen, die überwiegend der mittel- und großbürgerlichen Gesellschaftsschicht angehörten, hatten sich hier eine eigene »Infrastruktur« geschaffen: Es gab zwei protestantische Kirchen, deutsche Schulen, in die auch russische Eltern ihre Kinder schickten, und eine »Moskauer Deutsche Zeitung«. Doch nahmen die Moskau-Deutschen auch regen Anteil am russischen Geistes- und Kulturleben.

Das Haus von Julius Heuss am Sophienufer, jenseits der Moskva gegenüber dem Kreml gelegen, beherbergte – ganz in der Tradition der schwäbischen Pfarrhäuser – ständig Gäste aus nah und fern. Einen Höhepunkt erlebte die Gastfreundschaft der Familie, als sich anläßlich der Krönung des letzten Zaren Nikolaus II. viele Gäste zur Betrachtung der festlichen Illumination des Kreml auf der Terrasse des Heuss-Hauses versammelten, darunter solch illustre Gäste wie der Botschafter des Deutschen Reiches, der Gesandte des Königreichs Bayern und sogar der eigens aus Stuttgart angereiste württembergische Thronfolger.

Julius Heuss' wirtschaftlicher Aufstieg war beachtlich. 1870 war er als Compagnon in die Schokoladen- und Konfektfabrik Einem eingetreten. Sechs Jahre später verkaufte der Eigentümer, Theodor Einem, Heuss seinen Anteil, und die Schokoladenfabrik bestand unter dem Namen »Einem« bis ins Jahr 1918. Danach wurde sie in »Roter Oktober« umgetauft, galt jedoch noch über Jahrzehnte hinweg als diejenige mit der besten Schokoladenqualität im ganzen Land.

Ein Württemberger Unternehmer in Sorge um russische Arbeiter

Schon der junge Heuss hatte in seiner württembergischen Heimat mit der 1848er Revolution sympathisiert. Das soziale Engagement seiner Jugend führte er als Firmenchef in einem Maße fort, daß ein Firmenhistoriker den Mangel an revolutionärem Eifer unter der Arbeiterschaft der Schokoladenfabrik 1926 so erklärte: »Er (Julius Heuss, Anm. d. Verf.) schuf in seinen Fabriken Arbeitsbedingungen, wie es sie in den übrigen Süßwarenfabriken noch nicht gab. Wer mehr als 25 Jahre im Betrieb gearbeitet hatte, wurde bis an sein Lebensende mit vollem Gehalt pensioniert. Heuss führte den deutschen Brauch ein, den Arbeitern zu kirchlichen Feiertagen, zu Hochzeiten und Beerdigungen oder im Falle der Not Geld als Prämien zu zahlen. Seine Löhne übertrafen die in anderen Fabriken. Die sanitären Arbeitsbedingungen waren fast ideal (potschti idealnyje). Heuss vernachlässigte auch nicht die kulturellen Bedürfnisse der Arbeiter, zu deren Befriedigung auf der Fabrik ein Blasorchester organisiert wurde, später auch ein Theaterkreis und sogar eine Bibliothek ... Noch heute gibt es Arbeiter, die der ›goldenen Zeit‹ nachtrauern, als es Pensionen, Prämien und sonstige Geschenke gab.« (Zitiert nach: Klaus Mehnert, Ein Deutscher in der Welt. Erinnerungen 1906 bis 1981. Stuttgart 1981, S.16)

Mehnerts Großvater Heuss war auch Präsident im Moskauer »Evangelischen Hülfsverein«, und zu seinem 25jährigen Firmenjubiläum hielt ein Vertreter dieses Hilfsvereins eine Dankesrede, in der er von Heuss' »aus kleinen Anfängen mächtig emporgeblühtem Geschäft« sprach und mit den Worten schloß: »Das ist Gottes Segen, Gottes Lohn!« Ein Stück württembergisch-pietistischer Arbeitsethik inmitten einer russisch-orthodoxen Welt.

»Brückenbauer«

Brücken, wie sie der Großvater Klaus Mehnerts väterlicherseits, Karl-Friedrich Mehnert, dessen Vorfahren aus dem Altenburgischen nahe der Thüringer Grenze stammten, im wörtlichen Sinne als Ingenieure im Zarenreich und im übertragenen als Menschen zwischen den beiden Kulturen der Deutschen und Russen gebaut hatte, waren mit Ausbruch des Ersten Weltkriegs zerstört. Die enge Gemeinschaft zwischen Russen und Deutschen, jahrzehntelange Freundschaften zerbrachen, geschäftliche und kulturelle Beziehungen, familiäre Bindungen brachen auseinander, aus Freund hatte Feind zu werden. Die Zahl, aber auch die Kraft derer, die wie Klaus Mehnert ein tolerantes Miteinander von Deutschen und Russen als selbstverständlichen Alltag erlebt hatten, war zu gering, als daß sie die Heilung der Wunden und Risse, die zwei Weltkriege, ein Hitler und ein Stalin geschlagen hatten, in einer Weise hätten bewirken können, daß eine Symbiose, eine Lebensgemeinschaft, wie sie über Generationen hinweg gerade von Württembergern und Russen geschaffen worden war, erneut hätte ermöglichen können.

Literatur

Albrecht, Georg von: Vom Volkslied zur Zwölftontechnik. Schriften und Erinnerungen zwischen Ost und West. Stuttgart 1962

Amburger, E.: Deutsche in Staat, Wirtschaft und Gesellschaft Rußlands. Die Familie Amburger in St. Petersburg 1770 bis 1920. Wiesbaden 1986

Archiv der Universität Hohenheim (Hrsg.): Catharina Pavlovna. Königin von Württemberg. Einflüsse, Leben, Leistungen. Stuttgart 1993.

Bauer, E.: Der große Auszug aus dem Weissacher Tal im Frühjahr 1817. In: Geschichte und Geschichten aus unserer Heimat Weissacher Tal. Hrsg. von R. Schlichenmaier. Bd. III, 1988 und Bd. IV, 1989

Bilfinger, G.B.: Von den Merkwürdigkeiten der Stadt St. Petersburg. Tübingen 1731

Burkhard, Suzanne (Hrsg.): Mémoires de la Baronne d'Oberkirch. Paris 1970

Decker-Hauff, H.: Katharina. In: Festschrift des Königin-Katharina-Stifts Stuttgart zum 150jährigen Bestehen. Stuttgart 1968

Ders.: Katharina von Rußland, Königin von Württemberg und ihr Hospital. Stuttgart 1980

Eyth, Max: Hinter Pflug und Schraubstock. Stuttgart 1958

Fleischhauer, J.: Die Deutschen im Zarenreich. Zwei Jahrhunderte deutsch-russischer Kulturgemeinschaft. Stuttgart 1986

Gercen, Alexander (d.i.A.J. Herzen): Erlebtes und Gedachtes. Weimar 1953

Goethes Werke. Weimarer Ausgabe. Band 16. 1994

Karger-Decker, B.: An der Pforte des Lebens. Band 2. 1991

Leibbrand, G.: Die Auswanderung aus Schwaben nach Rußland 1816 bis 1823. Schriften des deutschen Auslandsinstituts 21. Stuttgart 1928

Leonhard, K.: Ida Kerkovius, Leben und Werk. Köln 1957

Mehnert, K.: Ein Deutscher in der Welt, Stuttgart 1981

Merkle, J.: Katharina Pavlovna, Königin von Württemberg, Stuttgart 1889

Rehm, M.: Königin Katharina von Württemberg. Stuttgart 1968

Sachs-Collignon, J.: Königin Olga von Württemberg. Mühlacker 1991

Sauer, P.: Der schwäbische Zar. Stuttgart 1984

Schumann, H.: Königin Katharina von Württemberg. Stuttgart 1993

Stumpp, K.: Die Auswanderung aus Deutschland nach Rußland in den Jahren 1763 bis 1862. Tübingen 1974

Uhland, R. (Hrsg.): 900 Jahre Haus Württemberg. Stuttgart 1984

Ders. (Hrsg.): Das Tagebuch der Baronin Eveline von Massenbach: Hofdame der Königin Olga von Württemberg, Stuttgart 1987

Bildnachweis

Daimler-Benz AG, Stuttgart: Titelbildmotiv, 201, 205

Dieterich, Susanne, Ludwigsburg: Einbandrückseite, 13, 28, 47, 56, 60, 61, 70, 110, 111

Graphische Sammlung der Landesbibliothek Stuttgart: 104 (Fotos: Baumgardt)

Kunstverlag Edm. von König, Dielheim: 20

Landesbildstelle Württemberg, Stuttgart: 35, 67, 106 (2 x), 114, 129, 132, 134, 141, 144, 148, 153, 159, 183, 207

Landwirtschaftsmuseum, Stuttgart-Hohenheim: 107, 209

Museum im ehemaligen Schloß der Herzöge v. Württemberg, Montbéliard: 53

Rudolph, Wiltrud, Stuttgart: 211

Salamander AG, Kornwestheim: 14

Schloßmuseum Pavlovsk: 64/65

Schloßverwaltung Ludwigsburg: 48, 95

Schukraft, Harald, Stuttgart: 50, 51

Staatliche Eremitage, St. Petersburg: 90, 110

Staatsgalerie Stuttgart: 19

Stadtarchiv Stuttgart: 101, 117

Stadtplanungsamt Stuttgart: 22, 23

Universitätsbibliothek Tübingen: 162, 163 (4 x), 167

Wirtschaftsarchiv Baden-Württemberg, Stuttgart-Hohenheim: 194/195, 197

Württembergisches Landesmuseum, Stuttgart: 11, 81